I0118516

THÉRAPEUTIQUE NATURELLE DE LA FOLIE.

—

L'AIR LIBRE ET LA VIE DE FAMILLE

DANS LA COMMUNE DE GHEEL.

Ic 66
130

THÉRAPEUTIQUE NATURELLE DE LA FOLIE.

L'AIR LIBRE ET LA VIE DE FAMILLE

DANS LA COMMUNE

DE GHEEL,

PAR

le Dr J. Parigot,

Professeur honoraire de la Faculté des Sciences de l'Université de Bruxelles,
Médecin de l'Hospice d'aliénés de la même ville à la colonie de Gheel.

Là jamais ne s'élève
Bruit qui fasse penser.
Jusqu'à ce qu'il s'achève
On peut mener son rêve
Et le recommencer.

De LAMARTINE.

BRUXELLES,

CHEZ J. B. TIRCHER, IMPRIMEUR-LIBRAIRE,
Rue de l'Étuve, 20.

PARIS, CHEZ J. B. BAILLIÈRE. | LEIPZIG, CHEZ C. MUQUARDT.

1852

PRÉFACE.

Le mémoire que nous offrons au public n'a qu'un seul but, celui de servir la cause des aliénés en contribuant à fixer l'opinion sur la valeur des établissements libres, et principalement sur celui de Gheel, auquel nous sommes attaché par le Conseil général des Hospices de la ville de Bruxelles.

Nous n'avions point l'intention d'écrire quoi que ce fût sur Gheel avant de publier nos observations scientifiques faites dans la colonie, lorsque nous avons reconnu qu'il valait mieux réserver au public médical ce qui le concerne spécialement, pour ne traiter dans ce travail que des conditions qui nous semblent devoir contribuer à la guérison et au soulagement de nos malades.

———

L'AIR LIBRE ET LA VIE DE FAMILLE

DANS LA COMMUNE DE GHEEL.

———

CHAPITRE Ier.

De l'origine du traitement à air libre. — De la nécessité des soins de famille pour l'homme malade.— D'un établissement parfait pour le traitement des maladies mentales.

———

> Ja, hier vergeet myn hart dien rusteloozen kommer,
> Die in zyn binnenst knaegt.... hier rust in het lommer,
> Der stilte en eenzaemheid.... hier valt geen doodend gift,
> Dat gy, o wereld, op de harten
> Die uw verleiding durven tarten,
> Zoo onvermoeid, door 't gaes van schynbren voorspoed zift.
> *De Heide*, door J. RENIER SNIEDERS.

Parmi les écrivains qui se sont occupés du singulier village dont nous allons décrire l'organisation, quelques-uns en ont fait un éloge pompeux, d'autres une critique plus ou moins fondée; ceux qui se sont le plus appliqués à découvrir les défauts de cet établissement, y ont mis une partialité si évidente qu'ils ont dépassé le but qu'ils voulaient atteindre.

Il est donc toujours resté quelque doute dans l'esprit des personnes qui désirent savoir à quoi s'en tenir sur l'efficacité ou l'inutilité du traitement des maladies mentales sous l'influence de l'air libre, tel qu'il se pratique à Gheel ou tel qu'il pourrait s'y pratiquer si l'on y établissait une infirmerie spéciale.

Pour connaître convenablement la valeur, les avantages et les défauts d'une institution que les âges se sont plu à créer lentement au moyen des idées de chaque époque sur les aliénés, il faut encore se rendre compte de ce que ces idées bonnes ou mauvaises pouvaient avoir d'influence sur les habitants d'un pays que le manque de moyens de communications séparait, il n'y a pas bien longtemps encore, de tout centre de lumières et de civilisation.

C'est donc dans un pauvre pays, n'offrant par son sol ingrat rien qui pût attirer l'homme vers les jouissances de la vie matérielle, que prit origine la méthode de considérer les maladies mentales comme une simple altération de la conscience qui n'entraîne aucun danger, tant qu'on ne la violente pas. Il manquait à ses habitants des aides pour cultiver la terre, ils s'adressèrent à leurs pensionnaires malades, et ce travail des champs fut une cause de guérison pour ceux dont la maladie dépendait de la rupture de l'équilibre entre l'esprit et le corps; il fallait vivre en famille avec des personnes dont la volonté n'est plus soumise au contrôle de la raison, et le colon de ces solitudes fut obligé d'étudier le côté par lequel on pouvait parvenir à cette conscience troublée afin de la calmer.

Ainsi la position exceptionnelle de cette partie du pays, composée de bruyères immenses, et la pauvreté de ses habitants primitifs les engagèrent à la fois à mettre en liberté des aliénés et à les approprier aux besoins de la société. C'est ce qui constitua la méthode naturelle de guérir la folie.

Une douce image de la miséricorde divine, une jeune fille, suivant les traditions, victime elle-même des passions humaines, sainte Dymphna, fille d'un roi irlandais, vint mourir à Gheel et devint la patronne des malheureux dont la raison s'était égarée. De là le concours de fidèles qui vinrent l'implorer, suivant l'attestation des écrivains de l'époque et d'un bref du pape Eugène IV (1400), qui s'exprime ainsi : « *Cum itaque, sicut accepimus, ad cappelam B. Dymphnæ virginis ob plurima quæ Deus omnipotens inibi, meritis ejusdem virginis, dignatus est operari miracula, de partibus illis ingens Christi fidelium multitudo, singularis devotionis causa confluere, nec non plures malignis spiritibus vexati, ut solvantur ab illis adduci consueverint*, etc. »

Longtemps la foi religieuse qui soulève des montagnes dédaigna tout traitement médical. Aujourd'hui la foi et la raison s'entendent pour permettre au cœur d'obéir au sentiment religieux, si fortement imprimé dans notre nature;

et pour laisser à la science qui vient aussi de Dieu le domaine du corps et de l'esprit.

Pour bien étudier l'importante question de savoir quel est le meilleur traitement des maladies mentales, il faudrait rechercher quelles sont ses conditions les plus favorables, voir si elles existent à Gheel, ou bien si elles peuvent y être créées.

Avant tout, rappelons-nous qu'il n'y a pas si longtemps encore que Pinel brisa les chaînes et fit combler les caveaux dans lesquels les aliénés étaient garrottés. On a dit avec esprit que ce grand homme fit monter l'aliéné de l'état de criminel *au rang* de malade. Qu'a-t-on fait à Gheel de ce malade, si ce n'est un ami, un parent !

En Belgique, les améliorations du sort des aliénés ne datent que de l'époque des écrits du professeur J. Guislain. C'est à ce savant, connu dans l'Europe entière, que nous devons la réforme de nos établissements ; ces publications ne datant que de 1825, il sera donc juste de reconnaître qu'anciennement toute amélioration matérielle du sort des aliénés à Gheel dépendait uniquement des sentiments du cœur ou de la position de fortune, heureuse ou malheureuse, des nourriciers auxquels ils étaient en quelque sorte abandonnés.

Enfin, actuellement, après de nombreux et lucides rapports, publiés par M. Éd. Ducpétiaux, inspecteur général des prisons et des établissements de bienfaisance, une loi sur le régime des aliénés a été sanctionnée par S.M. le Roi, le 18 juin 1850; le règlement général organique en application de la loi, ainsi que le règlement spécial pour l'organisation de l'établissement de Gheel, viennent d'être également publiés et sont sur le point d'être mis à exécution. Quand on considère toutes les difficultés, tous les obstacles, qui ont retardé les améliorations les plus essentielles, on ne doit, on ne peut même être injuste envers de pauvres paysans, et il faut reconnaître que la charité pratiquée envers des malheureux est d'autant plus touchante qu'elle provient de la classe la plus injustement dédaignée.

Lorsque l'on considère avec quelles difficultés quelques villes secondaires du royaume se décident à faire des sacrifices pour leurs aliénés, et combien, au contraire, elles cherchent à s'en débarrasser au moindre prix possible, on ne s'étonnera pas que l'administration d'une commune campagnarde comme celle de Gheel, n'ait jamais pensé à faire des sacrifices ni voulu s'imposer des frais pour l'avantage d'aliénés étrangers au village.

A l'exemple des villes, elle n'a rien fait; cependant lorsque nous examinons la question à son seul point de vue industriel, celui d'attirer le plus grand nombre d'aliénés, payant de 500 à 1,200 francs de pension l'an, nous prétendons qu'il eût été possible à cette administration communale de faire plus que personne pour attirer les aliénés ayant quelque fortune, et cela en garantissant aux

familles les avantages d'un service médical adapté spécialement au traitement des maladies mentales, ainsi que quelques améliorations matérielles et réglementaires.

Les frais que le village aurait faits n'auraient jamais dépassé une trentaine de mille francs, cette somme, il n'y a
point de doute, eût été couverte avec bénéfice, si l'on eût
pris le soin de faire connaître dans tous les pays les quali-
tés du traitement hygiénique et médical de Gheel.

Néanmoins reconnaissons que la commune, suivant les
temps et les idées, avait fait tout ce que l'on pouvait espérer de ses lumières; encore une fois, ce n'est pas d'elle que
pouvait venir l'initiative. Après ces observations, passons à
l'examen du traitement libre en lui-même.

L'homme ou l'animal malade cherche le repos et l'obscu-
rité. Ce repos et ce recueillement l'homme les trouve dans
sa famille; s'il est privé de cet abri naturel, on le voit
aller requérir l'assistance de la société dans les hôpitaux ou
les hospices que la charité publique ou bien des associations
religieuses ont établis; toutefois, le malheureux n'y a re-
cours qu'avec répugnance, il comprend que rien au monde
ne remplace l'amour des siens; et il craint instinctivement,
malgré les nombreuses exceptions, qu'il n'arrive que les
personnes, qui ont pu briser des liens de famille pour des
intérêts d'une autre nature, ne puissent lui donner ce qu'il
voudrait trouver avant tout. Cela est fâcheux, mais le mot
d'hôpital aura toujours quelque chose d'effrayant pour celui

dont la sensibilité, augmentée par la maladie, lui fait voir, à tort peut-être, l'isolement au milieu de la multitude et l'indifférence au milieu d'un centre de douleur.

Enfin, nous pensons que l'homme malade a besoin de cette sympathie que la vie de famille fait naître toute la première ; un malade veut être plaint, aimé et soigné, cela tient autant à une disposition de l'âme qu'au sentiment de conservation ; enfant, il se réfugie sur le sein de sa mère, vieillard, il appelle ses enfants à son secours. Or, ce qui nous est indispensable pour les maladies du corps ne l'est pas moins, et l'est même bien plus encore pour celles de l'esprit, quoique, dans ce dernier cas, la personnalité soit troublée à tel point que les rapports avec les personnes qu'on a connues avant la maladie et, surtout ceux de famille, fomentent le délire au lieu de le calmer.

Dans une pareille position, l'aliéné a cependant besoin de toute la pitié, de toute la charité de ceux qui doivent lui tenir lieu de parents, en accepter les devoirs et les sacrifices. Il est indispensable, pour atteindre ce but, que cette nouvelle famille adopte l'infortuné ; elle devra quelquefois, à travers de grands dangers, chercher à s'emparer d'un dernier sentiment de sociabilité pour se mettre à l'abri de violences et d'accidents ; puis après, développer des sympathies pour arriver finalement à l'exercice de la pensée et à l'usage de la raison. Si elle n'arrivait pas à ce but de guérison, elle devrait au moins entretenir, par de bons procédés, quelques instincts du cœur qui pourraient retenir ce malheureux au bord du précipice et le faire encore appartenir à l'humanité.

Mais une difficulté quelquefois insurmontable s'élève, tout le monde n'a point les moyens de récompenser une famille qui voudrait se dévouer à un emploi aussi pénible qu'important ; et c'est encore une question à résoudre en faveur des aliénés riches que de trouver une famille convenable et suffisamment capable d'entreprendre un pareil traitement.

En un mot, si l'on considère toutes les difficultés et qu'on les rapporte à l'intérêt qu'inspire toujours la position du malade, on peut appeler ce traitement, opéré dans l'intérieur d'une famille nourricière, *un traitement de roi*. Le célèbre Willis, en traitant Georges III, n'a pu en employer de meilleur.

L'impérieuse nécessité d'éloigner les aliénés des circonstances qui les entourent à l'époque de l'invasion du mal, force le plus souvent de les conduire au loin dans des établissements renfermant un très-grand nombre de ces malheureux. En évitant un mal, on se trouve en présence d'un autre; ces établissements sont pour la plupart fermés et leurs pensionnaires privés de liberté. De là une exaltation souvent fatale ou quelquefois une mélancolie, un abattement que rien ne peut détruire.

Un inconvénient non moins grave, c'est la présence de malades présentant chacun des symptômes psychiques sou-

vent en désaccord et nuisibles à leurs compagnons d'infortune. Nous n'insisterons pas sur la description du tableau
que présente une maison de fous ; le contraste qui résulterait de la description d'une famille vivant au milieu des
champs, serait trop en faveur de celle-ci, quant à la possibilité du meilleur mode de traitement, et pourrait paraître
suspect de partialité de notre part.

Nous sommes bien loin de prétendre que Gheel, avec ses
aliénés placés chez les nourriciers, soit un établissement
parfait ; il faudra, au contraire, encore beaucoup de temps
pour détruire quelques abus qui y sont enracinés, ceux-ci
dépendant de conditions matérielles et morales, qui s'amé-
liorent tous les jours dans nos campagnes.

D'après ce que nous avons dit plus haut du traitement des
aliénés, il faudrait en théorie trouver un district assez éloigné du centre des affaires, dans lequel un nombre suffisant
de familles appartenant, par leur fortune, leur éducation, ou
bien en raison de leur position d'agriculteurs ou d'ouvriers,
voulussent entreprendre de soigner et prissent l'engagement
de considérer comme leur parent, l'aliéné qu'on leur con-
fierait aux différents prix que comporterait la fortune res-
pective de chacun de ces malades. Il faudrait encore que
ces familles fussent disposées sur un territoire assez étendu,
de manière à ce que le classement des malades (chose très-
peu praticable dans les meilleurs établissements fermés) ne
fût plus nécessaire.

Il faudrait que les aliénés pussent jouir de toute leur liberté d'action, qu'ils pussent croire qu'ils n'ont perdu ni
leurs droits ni leur rang dans la société, nous voulons dire
ceux qui leur appartiennent réellement. Une condition indispensable serait que tout fût sur le pied de l'honnêteté et des
égards, que les railleries fussent épargnées, que les enfants
mêmes respectassent les malades; en un mot, qu'un aliéné
jouît du repos, qu'il puisse vaquer à ses affaires à son aise
et sans trouble, afin que l'influence tempérante de l'air libre
ait sa pleine et entière action sur le trouble de ses idées et
de ses sensations; qu'il ne trouve d'écho nulle part, et que
ses exagérations maladives exécutées dans le vide fussent ce
que l'on appelle vulgairement de véritables coups d'épée
dans l'eau.

Tout ce district devrait avoir des règlements d'ordre et de
police particuliers. L'admission des personnes malades leur
ferait en général comprendre que la société, tout en leur
accordant leurs droits naturels, leur retire le bénéfice
d'exercice de leur volonté maladive, qu'elle les do-
mine de toute sa pitié, de toute sa charité, qu'en conséquence, ils doivent se soumettre à une règle et à une discipline compatible avec les égards qu'on leur doit, mais
nécessaire et favorable à la cure de la maladie qui les aurait
amenés dans ce district. D'un autre côté, il faudrait que les
nourriciers, propriétaires, petits bourgeois ou simples cultivateurs, reçussent un prix convenable pour la pension des

aliénés; il va sans dire que ce prix varierait suivant l'appartement, la chambre ou la cellule, et l'ameublement; il n'y aurait pas de maximum, mais bien un minimum au-dessous duquel il ne serait pas permis de prendre des pensionnaires. Au reste, cette indemnité, quelque élevée qu'elle fût, ne pourrait jamais équivaloir aux soins donnés et à la moralité du but à atteindre, car d'un côté il faut guérir son malade et suivre à ce sujet la direction imprimée par le médecin, de l'autre, en travaillant à cette guérison, le nourricier tend à se priver d'un pensionnaire.

Nous savons, par expérience, que ce désintéressement est possible, même chez de pauvres gens; mais, dans tous les cas, il faut que la vigilance du médecin soit continuelle, pour prévenir le calcul le plus atroce qui existe, celui de conserver l'aliéné dans ses idées délirantes pour en faire un pensionnaire perpétuel.

Pour moraliser, il faut nécessairement mettre les gens dans une position matérielle qui leur permette d'écouter la voix de leur conscience. On comprend ce qu'il y a d'odieux à marchander l'existence des aliénés chez un nourricier; n'y a-t-il pas une limite à laquelle doive s'arrêter le bon marché? et n'est-ce pas commencer l'exploitation d'un malheureux que de le mettre au rabais, et pour ainsi dire à l'entreprise?

Dans le district que nous supposons, il faudrait qu'une limite fût posée pour la pension des indigents. Ce minimum

2

devrait surpasser le prix de revient de la nourriture et de la chambre meublée, de telle sorte qu'il y eût une récompense en argent pour les soins donnés.

A ces mesures prises en faveur de l'aliéné, viendrait s'adapter un service hygiénique et médical complet, confié à des hommes qui auraient donné des preuves de leurs connaissances spéciales. Le traitement moral et physique serait, dans ce district, la partie active des conditions favorables au retour de la raison. Toutes les ressources de la philosophie et de la médecine, toutes les consolations de la religion devraient être également employées à la cure et au soulagement des malades.

Nous le demandons, y a-t-il au monde un établissement qui réalise ce beau idéal? Non certes, il n'y en a pas.

Cependant il paraît que trois établissements en approchent, Gheel, Greatford en Angleterre, et Sarragosse en Espagne.

Ce sera de l'établissement de Gheel, que nous traiterons spécialement, parce que nous l'avons étudié depuis plusieurs années.

Cet établissement possède déjà, ainsi que nous l'avons dit, l'avantage d'être le résultat d'un travail séculaire, qui a préparé une population de gardiens et de nourriciers; seul, pour autant que je sache, il se rattache à deux principes : celui des croyances religieuses qui auront toujours un empire nécessaire sur notre esprit et nos sentiments, et celui de l'esprit de famille.

Aussi longtemps que nous vivrons, nous nous rappellerons l'impression qu'a produite sur nous la première visite que nous fîmes à Gheel, pour y traiter des aliénés. C'était pendant l'hiver; notre apparition inattendue chez un paysan, dont l'habitation est éloignée de trois quarts de lieue du village, effraya plus ou moins ses paisibles habitants. Un vieillard se tenait près du foyer dans la vaste cheminée, tandis que la meilleure place était occupée par un aliéné. Il me semble encore voir les enfants se réfugier en jetant des cris entre les jambes du maniaque, dont ils imploraient la protection contre moi. L'amour de cet infortuné pour ces enfants se peignait dans ses traits, c'était peut-être le seul lien qui le rattachât à la société!

Nous avons dit ce que nous désirons en fait d'établissements libres d'aliénés; d'après ce type, nous pourrons mieux signaler les avantages et les défauts de la colonie dont nous nous occupons.

CHAPITRE II.

Du NO-RESTRAINT en Angleterre et de la liberté des aliénés
à Gheel. — De l'inutilité de la séquestration de la plus
grande partie des aliénés.

—

Dans les Annales médico-psychologiques du mois de juil-
let 1849 se trouve un article très-intéressant qui donne
des détails sur l'établissement du célèbre Willis, lequel,
comme l'on sait, avait été chargé du traitement du roi Georges III, atteint d'aliénation mentale. Après avoir donné des
détails sur Greatford en Angleterre, village dans lequel les
fils de Willis reçoivent encore des aliénés et les placent
chez des particuliers à raison de 1 à 2 livres sterling par
semaine, sans compter les honoraires des médecins et autres
accessoires fort coûteux en Angleterre, l'auteur de cet
article, considérant la liberté dans laquelle sont laissés les
aliénés, ajoute les remarques suivantes :

« Comme l'on voit, tout ceci ressemble singulièrement à
» la colonie de Gheel, sur l'utilité de laquelle les aliénistes
» sont encore si peu d'accord. »

Chargé depuis plus de trois années du service sanitaire des hospices de Bruxelles, à la colonie de Gheel qui comprend de 500 à 550 malades, je crois être à même de fournir des renseignements exacts et impartiaux sur tout ce qui se pratique ici par rapport aux aliénés.

Je ne comprends pas qu'il y ait deux opinions sur un fait; Gheel est bien ou il est mal quant à son principe de liberté, il en est de même quant au traitement médical et aux soins que donnent les habitants; c'est un oui ou un non, rien n'est problématique, car ce n'est point à des heures fixes que l'on peut y entrer; ici chacun peut inspecter et contrôler ce qui s'y pratique; la maison du nourricier, petit bourgeois ou cultivateur, est ouverte à tout venant. Les parents, les tuteurs, les administrateurs des hospices qui y placent des aliénés, viennent quand ils le veulent, à des époques indéterminées, surprendre le nourricier et son malade et s'assurer de l'exactitude des soins donnés à la colonie.

Il y a même une garantie qui n'existe nulle part, l'opinion publique d'une commune composée de neuf mille habitants ne pourrait se réduire au silence, ni se comprimer, et Dieu merci, les intérêts de toute nature qui s'y agitent fournissent des défenseurs officieux qui tour à tour prennent en main les intérêts des insensés.

Nous avons principalement pour but de mettre en évidence le grand avantage du principe de la *liberté complète* des aliénés; ce principe, suivant nous, est bien supérieur au *no-restraint* du célèbre médecin de Hanwell. A ce sujet, nous avions depuis longtemps le désir d'attirer l'attention des médecins sur le mérite respectif des deux méthodes et si nous n'avons pas entrepris de publier ce mémoire plus tôt, c'est que Gheel n'était pas sur le point d'avoir une organisation définitive et un service médical qui permît de faire des observations scientifiques, comme cela va avoir lieu; Gheel était un champ immense pour l'étude, mais on pouvait le comparer à un hôpital sans instruments, sans appareils pour guérir; nous en attendions la réforme.

Actuellement que de nombreux changements vont être introduits et mis à l'épreuve pour améliorer le sort des aliénés, que le traitement médical pourra se faire dans une infirmerie, que la nomination d'un personnel de médecins convenablement rétribués va être faite; que d'un autre côté le Gouvernement vient d'instituer une place d'aumônier spécial et uniquement dévoué aux intérêts religieux des insensés, nous avons pensé qu'il était temps de faire connaître Gheel avec ses anciennes traditions et ses nouvelles améliorations, nous avons pensé que cela était d'autant plus opportun que c'est la seule colonie libre sur l'utilité de laquelle on entretient des doutes au détriment des malheureux de tous les pays qui vivent enfermés.

L'on peut comparer la méthode du *no-restraint* avec celle à l'air libre, puisque dans leurs termes, elles ne sont toutes deux que des circonstances entourant le malade et le disposant plus ou moins bien au traitement actif.

Qu'est-ce que le *no-restraint* si ce n'est la négation d'un mal. Encore voyons-nous, par les journaux, que cette méthode, employée dans un vaste hospice, n'est pas exempte de restrictions sous forme de vestes à manches longues, et de cellules obscures et matelassées. Dans cette méthode, l'idée que le maniaque peut avoir dans ses moments lucides, est celle-ci : que dans les paroxismes qu'il est sujet à éprouver, on n'employera pas de moyens coercitifs douloureux, que les personnes qui le soignent sont charitables, et qu'elles comptent plus sur le résultat que donnent les bons traitements, que sur ce que l'on obtient par la rigueur.

Si le *no-restraint* est un tempérant moral, que ne sera pas le traitement à air libre! il est l'affirmation d'un droit qu'on reconnaît à l'aliéné d'être traité comme un être souffrant et jouissant de toute sa dignité d'homme libre. On exige de lui qu'il juge sa position; l'on a confiance en lui, il vit en famille; tout doit l'engager à résister à l'entraînement de la colère et à bien juger avant d'oser passer aux actes de violence.

Que cette violence soit comprimée, cela se conçoit; mais elle doit l'être de la part des nourriciers avec cette modération qui ne dépasse pas la légitime défense; il en résulte même quelquefois d'excellents effets; j'en dirai autant des violences morales.

Il y a quelque temps un de nos malades, un mélancolique gâteux, avec lequel je causais, et que je tâchais de
consoler du chagrin qu'il avait éprouvé à la suite de la mort
de sa femme et de ses deux enfants à l'époque du choléra ,
tenta inopinément de m'appliquer un coup de poing; les
nourriciers se précipitèrent pour me défendre, je les éloi-
gnai et m'emparai de mon homme, je ne fis que le maintenir
et il me fit ses excuses : jusqu'à ce moment je n'en avais pu
rien obtenir, sinon d'amères grossièretés et le refus de toute
médication. Le traitement d'une hépatite chronique put être
institué ; à mon approche, le malade ne refusa plus de
médicaments et il s'en retourna chez lui complétement
guéri trois mois après.

Une dame qui avait éprouvé des revers de fortune, devint
mélancolique, elle résista pendant trois années à tout traitement; son délire consistait à croire et à répéter sans cesse
qu'elle était une grande criminelle et qu'elle était cause de
tous les malheurs qui étaient arrivés à sa famille. Il n'y
avait de vrai que la ruine de celle-ci, qui était arrivée à tel
point, qu'elle dut se résoudre à envoyer Mme X. à Gheel,
encore ne le fit-elle que dans la supposition qu'elle ne guéri-
rait jamais.

Je visitais assez souvent Mme X. chez les paysans ses
nourriciers; elle se lamentait toujours, restait souvent des
heures entières sans parler à personne, je craignais qu'elle
ne finît par tomber en démence. Notre conversation se fai-

sait le plus souvent en flamand, je cherchais par tous les moyens possibles à lui démontrer le ridicule des crimes qu'elle se supposait avoir commis. Ces conversations me fatiguaient beaucoup, à cause de la ténacité de ma malade. Un jour, je résolus de tenter un moyen d'excitation à la colère; j'avais remarqué que cette dame, que je savais être bonne mère de famille et on ne peut plus honnête, était fort réservée dans ses expressions; je crus nécessaire de l'insulter de la manière la plus forte. Toutefois pour que cette soi-disant insulte ne fût pas comprise, après des exhortations inutiles à Mme X., je me levai en frappant un grand coup sur la table et déclarai aux nourriciers, qui ne me comprenaient pas, que cette dame ne déclarait pas tous ses crimes, et qu'elle était une *infâme!* Je n'ajoutai plus un mot et je sortis. Quelques jours après, M^mc X. vint me déclarer que je l'avais guérie.

Je ne prétends pas dire qu'il ne faille pas employer des moyens de coercition dans certains cas, par exemple, chez des maniaques dont le caractère méchant et pervers a souvent été une des causes de folie, chez les aliénés à monomanie homicide, ou bien chez ceux dont les instincts sont tellement pervertis, qu'il n'y a que la *séquestration* et une discipline sévère qui puissent réprimer leurs passions violentes.

Pour en revenir à notre désir de faire connaître Gheel actuellement, si nous publions ce Mémoire, ce n'est pas seulement pour répondre au désir de beaucoup de nos confrères en Belgique que nous nous sommes décidé à prendre la plume ; nous pensons que d'autres pays pourraient établir des colonies libres, et dans ce cas, il serait utile pour les fondateurs de ces établissements, qu'ils connussent le nôtre ; ce travail étant le résultat d'une longue observation, on n'aurait donc plus qu'à vérifier. D'un autre côté, il y a des familles qui désirent, par curiosité et malheureusement quelquefois par nécessité, connaître le village qui admet si facilement ceux que la société fait enfermer pour raison de sûreté publique.

Nous avons dit que Gheel était unique en son genre, nous en donnons la preuve ; il reçoit à ses risques et périls les malheureux dont une loi parle dans les termes suivants :

Art. 3, titre XI de la loi du 24 août 1790.

Les objets de police confiés à la vigilance et à l'autorité des corps municipaux sont..... N° 6. Les soins d'obvier ou de remédier aux événements fâcheux qui pourraient être occasionnés par les insensés ou les furieux *laissés en liberté* et par la divagation des *animaux malfaisants et féroces*. Cette rédaction traitant d'hommes et d'animaux à la fois, montre assez ce que l'on pensait des aliénés en 1790.

L'article 95 de la loi communale est rédigé convenablement, néanmoins il ordonne la séquestration des aliénés pour prévenir les accidents qu'ils pourraient causer, soit au public, soit à eux-mêmes.

Dans les villes, on les enferme avec raison, mais qu'en résulte-t-il pour le malade? Le plus souvent une aggravation des symptômes. Aussitôt que ces malades arrivent à la campagne et qu'ils sont mis en liberté, cette aggravation diminue et cesse bientôt ; les causes déterminantes de la maladie n'agissant plus, le rétablissement est souvent complet au bout de quelques jours.

La lecture d'un acte de collocation d'un insensé amené à Gheel et mis immédiatement en liberté présente donc quelque chose de contradictoire, ou plutôt cela démontre à l'évidence qu'il y a quelque chose de faux et d'injuste pratiqué à l'égard de l'homme, privé de sa raison, que l'on enferme malgré lui.

L'état de liberté des aliénés à Gheel, les soins qu'ils reçoivent chacun séparément dans une famille, sont un haut enseignement pour la thérapeutique de la folie ; maladie dont l'horreur dépend bien plus des circonstances dont on l'entoure que des symptômes qui lui appartiennent en propre, et que l'on peut dire être réduite, à Gheel, à sa plus simple expression.

Si d'un commun accord, une population entière se constitue gardienne dans un hospice ouvert et libre, afin d'y recevoir la plus grande infortune que l'homme puisse éprouver, il n'y a pas le moindre doute qu'elle ne rende un service immense à l'humanité. L'on peut conclure de ce qu'elle produit sur les aliénés, que les causes physiques et morales, qui principalement dans les villes engendrent la folie, venant à cesser à la campagne, il ne faut, le plus souvent, qu'une thérapeutique appropriée pour que la machine détraquée dans ses ressorts les plus délicats se remette d'elle-même et fonctionne de nouveau régulièrement. Concevons pour un moment l'homme qui a perdu la raison à la suite d'une des nombreuses causes que l'état surexcité de la société amène aujourd'hui. Ce malheureux est mis en présence de son type naturel, l'homme des champs, libre de besoins factices, mais dans l'obligation d'un travail continuel pour se procurer le nécessaire; après quelques oscillations, l'aliéné est souvent entraîné à prendre le mouvement régulier qui règle la vie des champs, et la guérison a lieu très-promptement. Il résulterait de cette expérimentation, faite aux dépens de ceux qui l'entreprennent, que la *séquestration des aliénés est inutile,* que le plus souvent elle est dangereuse par ses conséquences, et que tout au moins elle s'oppose à ce que la maladie ne soit guérie le plus commodément et dans le plus bref délai possible, *cito et jucunde.*

Cette noble expérimentation, quels que soient le motif ou le but qui la produisent, tend à prouver encore que le danger, que l'on croit exister dans la vie commune avec des aliénés, tient bien plus à l'état d'excitation que l'on produit chez eux en violant leur droit naturel de liberté, de mouvement et d'action, qu'à leur manière fausse de voir, de sentir et de juger.

L'aliéné que l'on a dû souvent emmener par supercherie ou arracher violemment à sa famille, arrivant dans un hospice d'aliénés, n'a pas, le plus souvent, tellement perdu l'usage de ses facultés intellectuelles, qu'il ne puisse remarquer les triples portes et les triples serrures qui se ferment derrière lui ; jeté au milieu d'une société nouvelle, turbulente, excentrique ou furieuse, troublé lui-même, peut-il s'empêcher de croire qu'il n'est pas au pouvoir de ses ennemis, que la justice va le torturer, que, comme les condamnés du Dante, tout espoir est perdu !

Lasciate ogni speranza voi che'ntrate!

Nous-mêmes, n'avons-nous pas des idées extraordinaires sur ce qui se passe dans l'intérieur d'un hospice de fous ? L'opinion que le public se forme sur ces établissements peut se comprendre par l'effet que produit la simple idée de vouloir visiter une maison d'aliénés ; l'excitation nerveuse est telle que souvent, arrivés au seuil de la porte, bien des gens, courageux en d'autres occasions, n'ont osé le franchir ; et vraiment, si certaines personnes y entrent, ce n'est pas sans frayeur. Le fait est, qu'il faudrait avoir le cœur peu sensible pour ne pas être touché de l'air triste et abattu de ces âmes en peine que l'on voit errer dans des corridors grillés, dans des cours, dont les hautes murailles interceptent toute communication avec le monde extérieur, soleil compris. Quand il n'y aurait que la folie, cette maladic dont les symptômes semblent se refléter mille fois par les murailles d'un hospice fermé, qui vous poursuive, vous en sortez convaincu que c'est le pire des moyens de vous guérir, que de vous mettre dans le cas d'y laisser votre raison, ou le peu qui vous en reste. Il est vrai, vous y verrez aussi d'excellentes sœurs de charité ou bien des religieux dévoués à leurs fonctions; admettant même que la charité consume leur cœur du feu le plus pur, à quoi cela sert-il le plus souvent? Malheureusement, c'est un dévouement que l'aliéné ne comprend pas, rien dans une société de convention ne lui rappelle la famille et le monde auquel il appartient. Non, il est arrêté, enfermé, rien ne lui ôtera de l'idée qu'il est détenu en prison et ceux-là même que la charité a poussés à s'oublier et à s'enterrer dans cet hospice pour le soigner, ne sont pour lui que des geôliers en uniforme.

Que trouvera un malade dans un village ou dans une petite ville éloignée de tout centre? l'isolement d'abord, puis une société moindre, mais la représentation de celle dont il sort; que trouvera-t-il dans les soins d'une famille étrangère? l'image de la sienne, et dans tous les cas, une famille qui l'adoptera lui, excentrique, avec ses défauts, ses fantaisies, ses idées bizarres. En un mot, tout ce que le grand monde ou la vie des villes lui refuse, c'est-à-dire le respect de ses idées fausses, la possibilité de continuer ou d'achever son rêve et la liberté d'agir, il le trouve à la campagne chez des ouvriers et des laboureurs; s'il appartient à la classe riche ou à la haute bourgeoisie, des propriétaires s'empresseront de lui offrir chez eux tous les avantages que la campagne présente également à tous ses commensaux !

Dans cette heureuse disposition pour le traitement moral et physique de la maladie, il ne manque qu'un service médical convenablement organisé, qui permette d'employer à la guérison tous les moyens que donne la science ! C'est ce que le nouveau règlement, par arrêté royal du 1er mai 1850, va mettre en exercice; mais hélas, voilà bientôt deux années que les aliénés attendent l'érection d'une infirmerie, dans laquelle on trouverait un si puissant secours et surtout un asile lorsque la maladie exige des soins continuels, soins que des personnes expérimentées peuvent seules donner dans certaines périodes.

L'action éminemment tempérante de l'air libre peut-elle suppléer toute autre médication dans la folie ? Nous ne le croyons pas, malgré que nous en admettions la grande efficacité pour produire le repos de l'esprit et que, très-souvent, nous attribuions à elle seule la guérison de ces maladies; mais, suivant nous, c'est une méthode toute passive qui ne peut en rien retarder l'emploi de moyens actifs.

Les mystères de la nature de la pensée et de ses aberrations maladives d'une part, ses rapports étroits avec l'organisme matériel sain ou malade de l'autre, ont depuis longtemps fait reconnaître deux médications, l'une morale, l'autre physique.

L'examen des maladies qui affectent l'esprit de l'homme n'est point uniquement borné, comme pour les maladies du corps, à l'étude des conditions matérielles qui semblent, sous l'empire de la vie, devoir décider de leur nature. Ici le simple énoncé de la question nous met sur la voie à employer pour son élucidation ; il doit être de deux natures : matériel, pour ce qui concerne le corps humain et se laisse discerner par les sens ; immatériel ou spirituel, pour ce qui concerne l'esprit et ne peut être apprécié que par celui-ci ; le mystère de leur rapport dans l'homme répond singulièrement aux prodiges des deux médications dont nous venons de parler, lorsque le médecin les emploie conjointement.

L'usage mixte des moyens spirituels et matériels nous a paru indispensable dans une foule de cas, quoiqu'il soit difficile d'expliquer le mode d'agir d'un traitement matériel n'agissant que sous l'effet de certaines impressions morales.

Dans le monde ne voit-on pas chaque jour des médicaments actifs, même quelquefois des substances inertes, agir ou ne pas agir, suivant qu'ils sont administrés par telle notabilité médicale ou par un praticien modeste, quoique très-savant, mais qui n'aura pas su prédisposer son client. Des emmes à fibres délicates, n'ont-elles pas des sympathies ou des antipathies pour tel ou tel homme de l'art, à tel point que ces sentiments peuvent compromettre ou favoriser la guérison ?

On ne peut non plus nier la puissance réelle d'un médecin dans un hospice d'aliénés qu'il administre ; revêtu de toute la force morale nécessaire pour lutter avec la résistance de l'insensé, ce n'est qu'alors que la médication matérielle a le plus souvent son plein effet sur l'organisme ! Dans cette lutte, l'aliéné sera le plus souvent vaincu ; en effet, tout conspire pour sa guérison. Le médecin en chef a pour ressources la bonté qui va à l'âme, l'intérêt qu'il prend pour son malade, la commisération ; il faut même qu'il sache pleurer avec lui si cela est nécessaire ; si on ne l'écoute pas, il peut prendre une attitude énergique, il doit savoir employer les reproches, la froideur, l'intimidation même et donner l'ordre à son malade de travailler à sa propre guérison ! Tout, jusqu'aux petites satisfactions de la vanité, de l'appétit ou de la gourmandise, est sous sa dépendance et devient des moyens d'atteindre le but.

C'est par cette redoutable puissance à la fois matérielle et morale, uniquement employée à gagner, à surprendre l'affection et la confiance des insensés, que l'on parvient à arrêter et à ramener à leur type régulier des intelligences déréglées ou des instincts pervertis ; et il y aura concours extraordinaire de ces deux médications si, dans un instant favorable, le médecin emploie les agents physiques convenables pour ramener l'organisme au jeu régulier de ses fonctions.

3.

Dans le traitement moral de la folie, nous avons l'expe-
rience que la violence *feinte* et quelquefois les punitions
sont nécessaires, mais alors que le médecin agisse comme
un père aimant son enfant ; si ce sentiment sublime ne le
meut pas tout est perdu. Les douches sont même quelquefois nécessaires, cependant il faut beaucoup de prudence et
de discernement dans l'application de ce moyen dangereux.

En matière thérapeutique de folie, comme dans la vie sociale, il n'y a pas de sanction sans récompense ou sans
punition ; sans l'une ou l'autre, il n'y aurait pas de cause
déterminante d'action régulière vers la guérison.

Bien des personnes, qui n'ont étudié que superficiellement
l'établissement de Gheel, ont pensé que la meilleure méthode
de traitement était celle dans laquelle on abandonne le malade aux efforts de la nature ; quelle erreur en logique et
en médecine ! La nature tue comme elle guérit ; nous ne
pensons pas que le dernier mot soit dit sur les efforts que
fait la science médicale pour diriger les forces vitales vers
leur propre conservation. D'ailleurs, on n'a point encore ex-
périmenté tous les médicaments modificateurs et excitateurs
propres du système nerveux, combinés ou isolés, pour pouvoir désespérer de certains cas pathologiques. Tous les jours
la science s'enrichit et fait de puissants progrés dans l'art
de guérir.

Nous l'avons dit, l'influence heureuse de la liberté d'action et de mouvement dans la campagne, les soins d'une fa-

mille honnête et dévouée, sont bien des moyens curatifs, mais je les considère, à certain point de vue, comme tout à fait passifs, et conséquemment impuissants à arrêter l'organisme travaillant à sa destruction. Ce n'est que dans un établissement central, que l'on appellerait infirmerie, que le traitement purement médical pourrait être administré; tant que Gheel en sera privé, il restera un établissement incomplet.

Remarquons que les aliénistes sont loin de méconnaître les avantages de la liberté, car leurs hospices fermés, possédant déjà des moyens actifs de guérison, ils font encore tous les efforts possibles pour procurer à leurs malades un vernis de liberté; ainsi l'on voit ces établissements agrandir leurs jardins, avoir des succursales à la campagne, donner des jours de sortie, etc. En un mot, ils tendent à cacher ce qu'ils ont d'anormal dans la vie ordinaire, et cherchent à abaisser les limites qui les séparent de la société. Ils font bien, c'est une amélioration toute en faveur de leurs malades.

CHAPITRE III.

Des conditions du meilleur traitement de la folie. — Les paysans campinois.

—

Les philosophes anciens donnaient en précepte, qu'il fallait mettre en rapport des gens différents de caractère ou de passions, afin que les excès des uns fussent tempérés par la vertu des autres ; suivant eux, il faut donc opposer le calme à la fureur.

On conçoit, par exemple, que la vie pastorale ou champêtre, dans ses détails journaliers, soit en antagonisme direct avec les émotions artistiques ou littéraires ; que l'intelligence fatiguée outre mesure, le délire de l'imagination, la vanité et ses mensonges, trouvent dans la vie du paysan des contraires très-prononcés. En médecine morale, le principe de *contraria contrariis* ne peut être facilement attaqué, et l'on rirait beaucoup de ceux qui viendraient nous dire que, pour pratiquer la vertu, il faudrait hanter de mauvais lieux.

Les paysans de la Campine sont de braves gens, occupés du soin de pourvoir à leurs besoins en cultivant leurs landes. Ils appartiennent à la race flamande, qui, elle-même, est un mélange des races normandes (*noord-man*) et teutoniques. Les Campinois ont même des caractères particuliers, il semblerait que les luttes qu'ils doivent soutenir contre les circonstances qui les entourent aient aiguisé leur esprit et augmenté la finesse de leurs perceptions ; ils sont, du reste, bien connus dans la Belgique ; c'est aux ¡femmes de ces cultivateurs de la bruyère que les personnes riches confient l'allaitement de leurs enfants ; on les reconnaît facilement à leur costume national, le bonnet de dentelle à forme gracieuse qu'elles seules savent porter. Ces nourrices au teint frais, aux dents blanches, au corps droit et bien proportionné, en allaitant les enfants des cités, les font participer à la vigueur et à la santé qu'elles ont apportées de la Campine.

Dans le cas qui nous occupe, l'idée du *beau* réalisée dans le corps humain semble, dans la sphère de l'âme, s'être associée à l'idée du *bon*. Le fond du caractère de notre paysan est celui d'une grande douceur unie à une patience inaltérable. Au moment où j'écris ces lignes, je viens encore d'en voir une des mille preuves. J'étais allé visiter une jeune fille maniaque qui vient de nous arriver ; enfermée depuis près d'un an dans un grand hospice, elle y a brisé tout ce qu'elle a pu trouver sous la main, il a fallu employer tous les moyens de contention possible pour arrêter sa manie de tout casser. Elle est actuellement libre chez des paysans, elle n'y casse rien que de petits morceaux de bois; le trouble général des idées n'empêche pas cette malade de comprendre qu'elle est dans une famille qui non-seulement n'entreprendra rien contre elle, mais qui lui permet d'obéir à ses mille besoins de mouvements et d'impulsions.

Pour en revenir à nos paysans, ils sont généralement pauvres; pour un peu d'argent, ils se résignent aux travaux les plus pénibles ainsi qu'aux services les plus durs. Ce n'est que par la plus grande économie qu'ils prospèrent et agrandissent leur domaine au dépens de la bruyère.

Ce caractère général de bonté comporte certainement des exceptions, mais pour le bonheur des aliénés, elles sont rares; l'opinion publique en Campine fait mieux que de flétrir le mal envers les aliénés, elle tient en honneur ceux qui font le bien; l'on est fier de pouvoir montrer un pensionnaire bien tenu et jouissant d'une santé corporelle florissante. Un fait constant se passe à l'arrivée des aliénés atteints de délire, presque tous, après avoir passé quelques jours chez leur nourricier, ne sont plus reconnaissables; arrivés avec la camisole de force ou des liens, ils sont libres et apaisés. Placés vis à vis de nos paysans, la loi des contraires n'aurait-elle pas agi sur eux? Cette patience admirable pour leur hôte turbulent, cette grande indulgence pour les excentricités, jointe au déploiement d'une force musculaire capable de réprimer toute révolte, met fin, le plus souvent

par des éclats de rire, à des scènes qui, dans d'autres circonstances, ne se termineraient que par des coups. Nous pensons
que la conduite sage et prudente de la grande masse de nos
nourriciers est seule capable de faire naître ces sentiments
de rapports de l'aliéné avec ceux qui l'entourent, et c'est là
un excellent acheminement ou préparation à la guérison.

D'un autre côté, le silence des campagnes, cette tran-
quillité des champs, et souvent la contemplation de la nature, faite même inattentivement, sont bien capables de
ramener le calme dans un esprit troublé et excité; les jouissances naïves de la gent campagnarde ont souvent fini par
avoir une influence active sur l'épuisement produit par des
excès et des passions qui avaient fait faillir la force de résistance et troublé l'âme dans ses plus grandes profondeurs.

Il y a quelques années un jeune homme nous fut amené
dans un état déplorable; une vie licencieuse et des études
opiniâtres avaient produit une diminution considérable de
sensibilité morale et d'activité intellectuelle. Agé de 25 ans,
d'un caractère irritable, il quitta la maison paternelle pour
aller vivre maritalement en compagnie d'une femme avec
laquelle il entretenait depuis quelque temps des liaisons.

H... fut obligé, pour vivre et soutenir son ménage, de
se livrer à l'exercice d'un art libéral dans lequel il a obtenu
des succès. S'adonnant avec opiniâtreté à des études qui le
fatiguèrent beaucoup, et de l'autre côté, des excès vénériens
ayant diminué sa force de résistance, tout d'un coup, la

nuit il se réveille en sursaut et brise ses meubles. On l'em-
mène, il est placé au dépôt des aliénés, et les médecins
chargés de l'examiner le déclarent atteint de manie aiguë
caractérisée par un délire général, une grande exaltation,
des cris et des actes déraisonnables. Il nous arrive contenu
par une camisole de force ; aussitôt il est confié à un cultivateur dont le ménage est composé de plusieurs garçons
et de filles robustes. H... est mis en liberté, il fait des menaces, on lui rit au nez ; quelques jours après un changement s'opère en lui, il parle peu, mais divague encore ;
il veut absolument entrer dans l'immense marmite servant
à cuire la nourriture des bestiaux ; obligé de renoncer à ce
projet, il se retire au jardin et reste des heures entières
dans les positions les plus grotesques. Au bout de trois
mois son état s'améliore, un de ses proches parents vient le
visiter, rechute ; il perd de nouveau la raison et reste deux
mois dans un état complet d'imbécilité, plus de mémoire
ni de jugement, il ne reconnaît personne, ne parle plus de
ses amis, l'art qu'il cultive ne peut même le toucher.

La convalescence se déclare enfin, il commence à s'apercevoir de ce qui se passe autour de lui, il veut aider aux
travaux agricoles, et lorsqu'on le plaisante sur sa mala-
dresse, il se mêle au rire général. Il fait de longues promenades dans les champs, la santé corporelle s'améliore
beaucoup, de maigre et décharné qu'il était, il devient plus
fort, et engraisse un peu.

Il quitte la colonie ; les rapports de moralité et de famille sont rétablis, et notre dernier dialogue en flamand et en français, que nous publiâmes pour l'usage des aliénés et des nourriciers, est tout à fait semblable aux sentiments qu'il manifesta à son départ.

Voici ce dernier dialogue :

Le *malade*. — Je suis tout à fait guéri ; on m'a annoncé que j'allais retourner chez moi ; le docteur m'a donné ses derniers conseils pour la conservation de ma santé et de ma raison.

Je vous suis bien reconnaissant, mes bons amis, de ce que vous avez fait pour moi. Croyez-bien que les soins affectueux que l'on trouve dans une famille de braves gens comme vous, ont été un des meilleurs moyens de me guérir.

Le *nourricier*. — Nous sommes contents de vous voir rétabli, l'air libre que vous avez respiré, la vue de nos champs, de nos prairies, et même de nos vastes bruyères, ont eu un bon effet sur votre corps et sur votre esprit.

Adieu..... Je ne puis vous voir partir sans quelques regrets. — Vous étiez déjà pour ainsi dire un des nôtres!

Le *malade*. — C'est vrai... mais... j'ai aussi une famille qui m'attend !

Adieu, encore une fois !

Dieu vous récompensera de tout ce que vous avez fait pour moi.

L'établissement de Gheel n'eût-il que l'avantage d'admettre dans la communauté de la vie ordinaire les aliénés qui y sont soignés, serait déjà de premier ordre ; les médecins aliénistes ont signalé le danger de laisser tomber un aliéné dans une espèce d'appauvrissement moral, par la privation de la vie sociale et l'isolement prolongé ; il a été reconnu que le résultat funeste de cet isolement peut être la démence : et que l'on ne croie pas qu'un malade ne puisse souffrir de l'isolement dans un grand hospice de quatre à cinq cents lits ; en général, les aliénés se fuient, le mépris ou la haine sont les sentiments les plus communs parmi eux ; à qui pourra donc s'adresser le malheureux cherchant une intelligence saine, pour en recevoir une espèce de rayonnement ? Il s'adressera aux médecins, mais ceux-ci ne font que passer par les salles, et s'ils restaient continuellement dans l'établissement, ils seraient bientôt épuisés par les efforts que nécessitent l'énergie maladive de ceux avec qui ils s'entretiendraient trop longtemps. Restent les gens de service, mais ceux-ci sont souvent incapables de suffire à toutes les occupations matérielles d'un établissement, et ne considèrent que la tache qu'ils ont à remplir.

C'est souvent aussi à cause de cet isolement, qu'apparaît cette exaltation morbide dans les hospices d'aliénés renfermés ; l'on peut dire que, chez ces malades, c'est le résultat de la concentration de leurs propres idées ; en effet, rien ne les distrait ; le plus souvent inoccupés, leur délire s'exalte, et c'est à cette source que viennent en quelque sorte s'empoisonner leurs compagnons d'infortune. Un seul de ces exemples a souvent suffi pour agiter des convalescents et les perdre à jamais.

Dans les établissements que la spéculation offre au placement des pauvres, ce sont les aliénés d'un caractère doux qui font le service de la maison; on peut dire qu'au point de vue des relations sociales c'est un cercle vicieux. Il n'y a que dans les maisons de santé, établies exclusivement pour les personnes riches ou aisées, que les choses se passent convenablement; le personnel nombreux qui les entoure entretient cette énergie dont les aliénés ont en général besoin, principalement lorsque leur maladie est due à un affaiblissement de l'activité intellectuelle.

Gheel a neuf lieues de périmètre et une surface de plus de dix-neuf mille hectares; sa population est de neuf mille habitants, soignant de neuf cents à mille aliénés. Le rapport des personnes saines d'esprit aux aliénés est donc comme 9 est à 1. Depuis l'enfant jusqu'au vieillard, depuis le dernier laboureur jusqu'au plus riche de l'endroit, tous s'intéressent au sort de ces malheureux et font à certains égards le service officieux de gardiens.

Quel vaste hospice! quel personnel nombreux et capable! C'est ici que viennent se placer les remarques que nous avons faites sur l'immense service que rendent les femmes dans les soins et le traitement de la folie. Nous avons vu des aliénés résister à toutes les menaces ; d'autres, qui étaient des sujets de crainte et de terreur pour des hommes vigoureux, céder et obéir aux ordres de la maîtresse de la maison. L'adresse avec laquelle elles savent éviter un orage, sans paraître craindre leur commensal, est vraiment extraordinaire. Quant à la discipline qui règne dans les habitations, elle est basée sur deux choses : l'amitié et la crainte. Un aliéné est-il arrivé au point de ne plus écouter les bons conseils, de repousser les soins affectueux et les prévenances de la femme, le rôle du maître de la maison commence : il ordonne avec force et, si c'est nécessaire, il se fait secourir ses voisins.

Nous considérons comme un grand avantage la faculté que possède, à Gheel, l'aliéné de pouvoir partout porter ses pas où il lui plaît, sans que personne le contrarie. Aime-t-il la ville, les affaires, il se rend à la grand'place ou dans les rues avoisinantes, là où les transactions commerciales et le mouvement sont le plus considérables ; il assiste encore à l'arrivée et au départ des diligences ; préfère-t-il les champs, les lieux écartés, vous le verrez errer dans les mille sentiers qui entourent le village.

Nous avons eu maintes preuves de l'influence heureuse que l'aspect monotone des bruyères peut exercer sur les aliénés dont les perceptions sont quelquefois douloureuses et les réactions violentes. Seuls au milieu de l'immensité, l'acuité de leurs sensations et l'exaltation de leurs idées paraît tarir faute d'aliments ; les cris, les menaces sont sans écho ; l'oiseau chante dans la nue et les grillons, par leur bruit monotone, fatiguent le plus tenace des soliloques. Rarement on voit ces promenades ne pas tourner au profit des aliénés. Mettez au contraire ce malade, riche ou pauvre, derrière des barreaux de fer, quelle que soit d'ailleurs l a forme gracieuse à laquelle l'art ait su les ployer, vous le verrez immédiatement s'irriter contre les obstacles qui l'arrêtent, ses idées maladives s'exalteront ; il n'y a point de guérison à espérer dans cet état ; d'un moment à l'autre la maladie peut empirer et le délire aigu terminer son existence.

CHAPITRE IV.

Description de Gheel. — Sainte Dymphne.

—

Le chemin de fer de Bruxelles à Anvers possède une station au village de Duffel ; cette station est à une lieue environ de la jolie petite ville de Lierre ; c'est la route qu'il faut suivre pour prendre place aux diligences qui, le matin et le soir, partent de Lierre pour Gheel, capitale de la Campine brabançonne.

Aussitôt que l'on quitte Lierre, on s'aperçoit d'un changement complet dans le paysage ; ce ne sont plus des champs portant une riche moisson, mais des plaines sablonneuses péniblement cultivées et rapportant peu ; de temps à autre quelques îlots de bonnes terres au centre desquels des villages se sont formés. Voilà tout ce qui s'observe le long d'une route que le mode de transport semble allonger et rendre interminable.

Toute cette région s'appelle Campine, de son nom flamand *het Kempen land*, et ressemble, tant pour le nom que pour la chose, aux Campos de l'Amérique du Sud. En Belgique, nos bruyères sont aussi de véritables steppes, mais avec cette différence qu'ici l'homme, à force d'art, de travail et de persévérance, finit par subjuguer la nature, tandis qu'en Amérique, faute de population, c'est la nature qui semble repousser et vaincre l'homme isolé. Ici, tous les jours, nos laborieux cultivateurs finissent par arracher une portion de bruyères au désert et rendent ainsi un immense service au pays dont la population exige de nouvelles cultures pour sa consommation.

Enfin, après avoir passé Herenthals, on arrive sur le territoire de la commune de Gheel, lequel, comme nous l'avons dit, est formé de terres de meilleure qualité; c'est une véritable oasis dans le désert.

La première impression que produit l'aspect de Gheel, ses maisons blanches et propres, sa place publique ou son marché dominé par l'église paroissiale de Saint-Amand, ne correspond pas à l'idée que l'on s'en forme assez généralement, tout y est monotone, tranquille, sans apparence de vie ni de commerce; c'est qu'en effet Gheel, quoique centre naturel d'une grande quantité de communes environnantes, n'est relié directement à rien de ce qui pourrait activer ses transactions commerciales. Ainsi le canal qui joint l'Escaut à la Meuse passe sur son territoire, mais à environ une lieue du centre de la commune; et les routes de Herenthals et de Diest ne peuvent s'atteindre qu'après avoir suivi un embranchement de trois quarts de lieue, distance à franchir en pure perte, puisqu'elle éloigne des deux directions vers ces villes.

A partir de la grande place, au détour de l'église de St.-Amand, le village se prolonge par une rue excessivement longue, laquelle aboutit, après un nouvel angle, à l'église dédiée à Ste-Dymphne, patronne des aliénés.

Nous emprunterons sur cette église quelques détails à un article de M. l'architecte Gife, inséré dans un ouvrage publié par la Société littéraire *de Dageraed* de Turnhout.

Au septième siècle il existait déjà une chapelle à l'endroit même où se trouve l'église actuelle, cette chapelle était dédiée à St. Martin, douze maisons l'entouraient et formaient alors le noyau du bourg actuel composé de 700 maisons.

L'église de Ste-Dymphne a du être érigée dans le douzième siècle, époque caractérisée par le passage du style roman au style gothique. Suivant les archives, il paraîtrait que les nefs principale et latérales furent construites vers le même temps, cependant des différences de construction indiquent que la nef correspondant au côté sud a été bâtie beaucoup plus tard. Les colonnes des deux nefs construites en même temps portent le cachet d'une même époque, elles ne sont point ornées de chapiteaux, et les arceaux des voûtes ogivales semblent se confondre dans leur corps même, tandis que les colonnes de la nef du sud, ornées de chapiteaux à huit pans, offrent un point d'appui aux arcs qui se prolongent jusqu'au centre de la voûte; ce dernier style appartient au quatorzième siècle.

Les voûtes de l'église sont fort belles, en ogive cruciale, fort élevées et maçonnées en briques; comme ce n'est qu'au XIIme siècle que l'on commença en Belgique à construire des voûtes pareilles, après l'invention de la cycloïde, on peut conclure que l'église de Ste-Dymphne à été l'une des premières bâties dans ce style.

En 1768, les réparations qu'auraient nécessitées la galerie qui entourait à l'extérieur les nefs latérales étant jugées trop dispendieuses, on l'abattit. Cette galerie en pierre ciselée était interrompue à chaque contrefort, lequel se terminait en pyramide contenant une niche pour statuette. Trois mille florins furent dépensés à cette démolition ainsi qu'à l'enlèvement des débris; on peut appeler cela du vandalisme.

A l'intérieur, l'autel principal est surchargé d'ornements dans le goût du 17me siècle, néanmoins un groupe allégorique est digne de tout l'intérêt du spectateur. Ste Dymphne, élevée sur un nuage, semble implorer la miséricorde divine pour les malheureux dont elle est entourée; sur les côtés de l'autel se trouvent deux groupes d'aliénés, dont les mains et les pieds sont entravés de *chaînes dorées*.

L'ensemble de ces groupes est bien traité, quoique le sujet en soit assez délicat; espérons que bientôt on ne verra à Gheel, en fait de *chaînes*, que celles qui figurent dans ce groupe, et même (afin que le souvenir de ces violences soit perdu pour nos descendants) que l'on finira par en débarrasser ces statues qui en seraient la dernière démonstration.

Dans la chapelle centrale du *diambulatorium* se trouve l'histoire de Ste Dymphne, sculptée en bois. Cette œuvre de patience et de goût faisait dernièrement l'objet de l'admiration d'un des plus célèbres statuaires de l'époque, M. David, d'Angers. Cette pièce est à compartiments ; le premier figure la naissance de Ste Dymphne, elle est remise par sa mère à St. Gérebert; le second représente la mort de la reine, mère de Ste Dymphe ; dans le troisième, le diable inspire au roi irlandais de mauvaises pensées; dans le quatrième, Ste Dymphne s'embarque avec St. Gerebert pour la Belgique; le cinquième montre le roi à la recherche de sa fille ; dans le sixième, le roi, après avoir fait décapiter saint Gerebert, et ne trouvant personne qui voulût se charger de l'exécution de sa fille, lui tranche lui-même la tête; dans le septième, des prêtres en riches surplis et dalmatiques portent processionnellement les reliques de la sainte; enfin, dans le huitième, se trouve une allégorie au sujet des aliénés : après des prières, l'on voit le démon sortir de la tête d'une folle ; un aliéné, enchaîné et sous l'influence du mal, attend avec anxiété son tour d'être délivré.

L'ensemble de l'église est imposant, le style gothique paraît encore en agrandir la profondeur ; les colonnes de la nef centrale sont hautes et élancées, celles du chœur et des chapelles qui l'entourent le sont moins, de telle manière qu'elles prêtent quelque chose de mystérieux à la lumière amoindrie que donnent les fenêtres ogivales à dessins variés; derrière le chœur, se trouve le tombeau qui est censé contenir les reliques de sainte Dymphne, c'est sous ce cénotaphe (les reliques et la précieuse châsse d'argent sont en lieu de sûreté) que les aliénés, ou les personnes qui les remplacent à cette intention, passent neuf fois par jour, pendant une neuvaine, pour obtenir l'intercession de la Sainte.

Un livre imprimé en 1658, et publié par le révérend prémontré Craywinkel, de l'abbaye de Tongerloo, dit au sujet de la Sainte et de ses cures : Si ce ne sont pas des miracles, au moins sont-ce des guérisons étonnantes qui ont été opérées à Gheel par l'intercession de la sainte vierge Digna, patronne de la susdite localité, lesquelles sont extraites d'un ancien et authentique registre de l'église collégiale de Gheel (1).

Le monument, vu à l'extérieur, forme une masse considérable; du côté nord, se trouve une petite place avec

---

(1)..... Zyn't gheen mirakelen, ten minsten wonderlycke genesingen, die tot Gheel geschiedt zyn door de voorspraek van de H. maegdt Digna, patronerse van de zelve plaetse aldaer, meest getrokken uyt den ouden en authenthique register des collegiale kerk aldaer. — Het leven en martyrie van de H. en glorieuse maegdt Dympna, wiens heylighe ghebeenten rusten binnen de vryheyt van Gheel, daerse van haeren vader voor het gheloof en maegdelycke suyverheyt ont-halst-is. Anno 600, den 50 mei, wytvermaerdt door mirakelen.

quelques maisons, au sud il est tout à découvert et en rase campagne. Il est construit avec un grès calcarifère appartenant aux terrains tertiaires des environs de Bruxelles.

Deux questions se présentent :

Quelle nécessité y avait-il de cette église pour quelques rares habitations?

Par quel moyen des milliers de mètres cubes de pierres ont-ils été charriés de si loin (près de 10 lieues), avec tant de peine et de constance, à travers des chemins de terre presque impraticables?

Les réponses, nous pensons les trouver au pied de ces autels; car vous y verrez constamment des aliénés prosternés, et demandant humblement à Dieu de les secourir!

C'est la foi incarnée des âges venant se refléter sur des malheureux!

Il est un fait qui frappe toute personne visitant cette église : c'est que pendant les services religieux les aliénés s'y comportent on ne peut plus décemment; tous y sont admis sans contrôle, ils affectionnent cette église, et s'y rendent en grand nombre. Les insensés mêmes qui se croient et se déclarent être Dieu, rois ou princes, tout en prenant les places réservées, tout en dédaignant de s'agenouiller, ne causeront cependant pas le moindre désordre, la moindre interruption. Quel fil enchanteur retient donc toutes ces volontés désordonnées? Cela est presque inexplicable, et cependant cela est.

A côté de l'église, se trouve adossée à la grande tour, une maison qui sert à loger les aliénés pendant les neuf jours que durent les prières faites à leur intention ; cette pratique est facultative, et les deux vieilles femmes, chargées de ce soin, vous diront qu'il leur vient rarement des pensionnaires. Cependant, combien d'aliénés n'auront pas dû leur guérison à l'appareil des cérémonies du culte, et aux consolations qu'ils peuvent recevoir de la religion ! Ne serait-il pas convenable de faire disparaître de cette maison les chaînes et les carcans qui semblent attendre non pas des aliénés, mais plutôt des possédés du démon, tels qu'on les dépeignait anciennement?

Hormis cette église, Gheel ne renferme rien de remarquable en fait de monuments.

Le voyageur, une fois sorti de la ligne de maisons qui constituent le village, se trouve dans une belle campagne bien cultivée ; mille sentiers la coupent en sens divers et ressemblent aux allées d'un parc sans limites. Au nord et à une forte demi-lieue du centre, l'on arrive aux bruyères et à de vastes plaines dont les *erica*, les *carex* et les *bromus steriles* forment le fond de la végétation ; au sud se trouvent de riches prairies bordant les ruisseaux qui forment les rivières appelées Petites Nethes ; à l'est et à l'ouest le sol est élevé et sablonneux ; il forme la crête de séparation des eaux des Petites et Grande Nèthes.

En général, les fermes sont peu spacieuses et bien cultivées, et le bien-être semble y régner lorsque la moisson du seigle et des pommes de terre a été favorable; quant au bénéfice que peut retirer le laboureur, il est très-problématique à cause de la cherté des loyers, de la routine et de l'ignorance des meilleurs procédés agricoles.

Les renseignements suivants nous ont été fournis par un ancien taxeur assermenté, dont l'opinion sur la valeur des terres est très-recherchée dans le canton :

Les terres de première classe valent à Gheel fr. 3,600 par hectare.

Celles de la seconde classe valent de fr. 900 à fr. 1,000.

Celles de la troisième classe valent de fr. 700 à fr. 800.

Les terres ont beaucoup plus de valeur à Gheel que dans le reste de la Campine; elles diffèrent beaucoup avec celles de Moll, de Meerhout, de Baelen et autres grandes communes de l'arrondissement, dont le terrain est beaucoup plus léger et peu propre à la culture du froment, tandis qu'à Gheel on cultive 1/6 de froment et 5/6 de seigle.

Les terres qui avoisinent les habitations et le centre de la commune se louent fort cher et varient de 60 centimes à 1 franc 20 centimes la verge; 100 verges équivalent à un journal; 5 journaux égalent un hectare. Il en résulte que des terres louées à 1 franc la verge et calculées à 5 pour cent d'intérêt, reviendraient en capital à 10,000 francs l'hectare. Si nous ajoutons à ce prix normal de tout ce qui se cultive près des habitations, le prix élevé des loyers, l'on comprendra facilement pourquoi les petits bourgeois sont dans la nécessité de prendre chez eux des aliénés à titre de pensionnaires.

Des maisonnettes sans jardins, ou ceux-ci tellement petits qu'ils nécessitent le louage de terres, se louent généralement de 110 à 120 francs par an.

Indépendamment des terres dont le loyer se paie en céréales, le fermier doit encore donner en argent, pour le loyer de sa maison, de son jardin et plus ou moins de prairie, une somme ronde, que l'on nomme dans le pays *voorlyf*. Cette somme varie de 70 à 500 francs, puis, suivant l'importance de la ferme, des œufs, du beurre et quelquefois des pommes de terre. Ces dernières conditions n'existent pas toujours.

Il résulte de cet état de chose que si l'agriculteur n'a pas employé de bonnes méthodes de travail agricole, s'il n'a pas mis tout le soin et le labeur nécessaires, ou si de mauvaises années viennent à se succéder, il est ruiné et obligé de vendre ses outils et ses bestiaux pour payer ses dettes. Cette fin n'est pas rare dans la commune, malgré l'assistance et souvent le désistement de quelques propriétaires qui ont pitié des malheurs qui peuvent accabler de braves laboureurs.

Après avoir loué une ferme à un prix assez élevé, le nourricier d'aliénés court encore différents risques : d'abord celui de ne pas obtenir des pensionnaires ou, s'il en a, de les perdre, soit à cause de leur décès, soit à cause de leur départ après guérison ; il court encore la chance d'avoir des gâteux ou des maniaques, qu'il faut constamment surveiller. Il est vrai qu'il a aussi la chance favorable d'avoir des aliénés qui peuvent l'aider et, par ce moyen, lui procurer quelques bénéfices.

Cet état de malaise de quelques agriculteurs ne dépend pas uniquement du prix normal des terres, car il est bien connu qu'ils viennent eux-mêmes surenchérir le loyer des fermes en location, pour les obtenir sur des concurrents; ils demanderont même des conditions fort difficiles à remplir. Ces raisons les conduisent à devoir faire tous leurs efforts pour obtenir et conserver des aliénés; c'est avec le prix de leur pension qu'ils sont certains d'acquitter leur loyer.

Dans une localité comme Gheel, sans industrie et sans transit, c'est en définitive la somme globale de toutes les pensions des aliénés qui constitue le capital roulant de la commune; et que l'on ne croie pas que ce capital soit de peu de valeur, il équivaut annuellement à 180,000 francs.

Les nourriciers des aliénés indigents ne sont choisis que parmi les petits bourgeois et les cultivateurs qui ont le moyen de se procurer une nourriture saine et abondante. Cette nourriture se compose de pain de froment en petite quantité pour les vieillards et les infirmes, de pain de seigle, légumes, pommes de terre, laitage et viande de porc pour la généralité.

Du reste, l'on sait que l'appétit des aliénés est en général vigoureux, il n'est pas moindre que celui des campagnards, qui travaillent exposés au grand air ; sur cet article il y a une entente parfaite autour d'une table bien chargée de mets. Quant à la nourriture des malades, nous ferons nos observations plus loin.

L'air de la Campine est vif, et cela se conçoit, les plaines qui entourent le village sont dépourvues de végétation et les sapinières trop chétives pour pouvoir briser les colonnes d'air qui en labourent la surface.

Le climat y est du reste en tout semblable à celui du nord de la Belgique ; en hiver il est presque continuellement exposé aux vents du nord, nord-ouest et nord-nord-est, lesquels nous arrivent après avoir enlevé une couche d'humidité à la surface des mers du Nord ; néanmoins le climat est sain et cela se reconnaît assez à sa belle population. Entrez, du reste, chez un de ces *cultivateurs-propriétaires* de la Campine (et ceux-ci sont assez nombreux), vous y verrez un air d'aisance remarquable : les cheminées sont toutes chargées d'énormes quartiers de lard et de jambons, les greniers pleins de seigle et les silos pleins de pommes de terre ; vous emporterez la conviction que la misère n'altérera ni la santé ni le moral de l'homme auquel on confie un aliéné. Quant aux enfants, ils sont nombreux, vous les voyez fleurir dans le sable ; ces bonnes petites figures sont franches comme l'air que l'on respire dans ces contrées où l'espace ne manque point encore aux travailleurs.

Un exemple pris entre cent, nous servira d'explication :

5.

Ph.... est arrivé à la colonie, il y a près de dix-huit ans, atteint de mélancolie; la raison a fini par s'égarer et la démence est actuellement le type d'aliénation mentale auquel on peut rapporter son état, toutefois elle n'est pas complète, ainsi qu'on va le voir.

Ph.... a été placé chez un nourricier, propriétaire en grande partie des terres qu'il cultive; ce nourricier, marié vers l'époque de l'arrivée de Ph.... à une vaillante et courageuse paysanne, a été forcé de prendre plusieurs pensionnaires pour l'aider à subvenir aux besoins de ses nombreux enfants qui se succèdent presque annuellement. Il est arrivé dans cette grande famille, que les aliénés en sont presque devenus membres, les uns actifs, c'est-à-dire travaillant comme les enfants devenus grands, les autres encore petits ou enfants comme Ph..., ne font rien et sont, je dirais, presque gâtés.

Ph.... habitait Bruxelles avec sa mère qu'il aimait tendrement; resté célibataire, rien ne put le consoler lorsqu'il eut le malheur de la perdre; ses affections qui s'étaient concentrées sur une personne se trouvant brisées, il devint lypémaniaque et fut conduit à Gheel.

Ph... avait peur des hommes, il les fuyait, il les évite encore; ayant appartenu à une administration, il craint surtout *les rapports que l'on fait en haut :* il faut probablement ajouter le mot *lieu* pour compléter sa pensée. Malgré cet état mélancolique, notre malade ne put résister longtemps aux bons soins de la femme N.; celle-ci remplaça sa mère; il l'adopta, lui obéit, et la chérit autant que le font les enfants de la maison. Comme cependant, en Campine, il faut beaucoup travailler pour réussir à donner du pain à tout le monde, *Trien* N... n'a que peu de temps à consacrer à chaque membre de sa famille, et Ph... a dû chercher un objet sur lequel il pût déverser le trop plein de son cœur; ce sont les oiseaux qui remplissent cet office. Nul n'est plus ingénieux que lui pour les attraper. Une fois en cage, ses amis ne le quittent plus; de sa chambrette à coucher ils vont dans la chambre commune, ou bien ils sont exposés à l'air et au soleil pendant que Ph... monte la garde pour les préserver de la dent des chats....

Si jamais vous passez par Gheel, et que le hasard vous conduise chez notre nourricier N., vous serez convaincu qu'il n'y a pas de couvent ou d'hospice fermé qui puisse réaliser ce que la famille d'un brave paysan produit naturellement de bienfaits.

CHAPITRE V.

Visite d'Esquirol à Gheel. — Le Nestor des médecins belges.
De l'abolition des freins en fer.

—

Différents auteurs ont décrit Gheel; nous ne nous occuperons que de ceux qui, par leur autorité, ont eu le plus d'influence sur l'opinion publique.

Nous sommes convaincu qu'il y a des abus à réformer, nous l'avons dit; mais nous ne comprenons pas que les avantages du traitement à air libre n'aient pu modifier un peu l'opinion sur Gheel; généralement on en dit du mal et pourquoi? Serait-ce parce que, depuis des siècles, les habitants de cette commune ont voué leurs soins à la portion la plus pauvre des malheureux aliénés, et que, à ce point de vue, la colonie n'a pas pu présenter l'aspect brillant d'un établissement particulier? Mais soigner des indigents c'est justement là un des grands mérites de Gheel.

Il y a bientôt quatre ans que nous étudions cet établissement auquel nous ne sommes attaché que temporairement, et nous savons par expérience, qu'il est impossible à qui que ce soit de se former une juste opinion sur la valeur de cette colonie, sans en connaître les habitudes, la langue et sans y demeurer assez longtemps pour la visiter en détail. Les différents récits des auteurs en sont la preuve, ils contiennent des erreurs qu'un séjour de 48 heures ou de 3 à 4 jours au plus ne pouvait manquer d'occasionner. Commençons par le récit du célèbre Esquirol. Voici ce qu'il en dit :

« Tous les documents que j'ai pu recueillir sur Gheel prouvent que ceux qui ont écrit sur ce village et ses habitants ne les ont pas visités; accompagné de M. Voisin, je visitai Gheel le 29 août 1821, nous y restâmes 40 *heures,* nous en avons visité les habitations, interrogé les habitants et les aliénés.

» La petite ville de Gheel est à l'angle nord d'un triangle formé par les villes d'Anvers, Malines et Gheel; elle n'a qu'une rue principale qui est large et pavée, les maisons n'ont généralement qu'un étage et sont assez bien bâties; en arrivant par la route d'Anvers, un aliéné que nous rencontrâmes sur la place nous conduisit à l'église paroissiale, à l'hôpital, qui est au centre de la ville et à l'église St.-Amand qui est à l'extrémité.

» L'église St.-Amand était autrefois une collégiale, on y conserve dans une châsse d'argent les ossements d'une sainte martyre appelée *Nymphna.*

» Dès le septième siècle, sainte Nymphna acquit une très-grande célébrité pour la délivrance des possédés du démon qui étaient conduits à Gheel, non-seulement de la Flandre et du Brabant, mais encore de toutes les provinces environnantes ; c'est là le commencement de la colonisation de cette commune.

» Des prêtres attachés à la collégiale de St.-Amand exorcisaient les possédés ; depuis la suppression de la collégiale, la colonie a été entretenue par les aliénés de la Belgique et de la Hollande envoyés à Gheel par leurs parents, ou par des administrations charitables.

» A notre arrivée nous rendîmes visite à M. le recteur de la paroisse âgé de 75 ans. Ce vénérable ecclésiastique fut étonné qu'on attachât tant d'importance à cette antique institution. Il nous assura avec l'accent de la conviction qu'il avait vu plusieurs aliénés guéris par l'intercession de la Sainte. Les guérisons, ajouta-t-il, sont plus rares chaque jour depuis que la foi s'éteint et que la religion s'exile de la terre.

» Quoique tous les jours l'influence miraculeuse de la Sainte s'affaiblisse, quoique le nombre des guérisons soit peu considérable, cependant les maisons qui avoisinent St.-Amand sont encore extrêmement recherchées pour loger les aliénés qui sont conduits à Gheel.

» Les aliénés sont confiés aux habitants de la commune, avec lesquels les parents de ces malades passent une sorte de contrat. Les habitants se chargent d'un, de deux, de trois, jusqu'à cinq pensionnaires; jamais au delà. Si ces infortunés sont agités ou sales, ils sont couchés sur la paille ou sur un sac rempli de paille hachée. Ce lit est placé dans un réduit de la maison plus ou moins approprié pour cet usage; lorsqu'ils sont propres, ils couchent dans des lits comme leurs hôtes et mangent avec eux. Ceux qui habitent dans la ville, sont beaucoup mieux que ceux qui logent chez les paysans. J'en ai vu qui étaient bien logés, bien couchés, *mais le plus grand nombre est très-mal.*

» La plupart de ces malheureux sont nourris comme les paysans du pays; dans la ville, la nourriture est meilleure, et ordinairement c'est la même que celle des personnes chez lesquelles ils habitent.

» Les aliénés, hommes et femmes, errent librement dans les rues, dans la campagne, sans que personne y paraisse prendre garde, lors même qu'ils ont des entraves aux pieds. Cherchent-ils à s'évader, on leur met des freins; sont-ils furieux, on les enchaîne des pieds et des mains, alors ils ne sortent point, à moins qu'ils ne logent dans une ferme très-isolée; malgré ces moyens de contrainte, il arrive souvent que les aliénés s'égarent ou s'échappent; les gendarmes des communes environnantes en arrêtent à deux ou trois lieues, et les ramènent à leur domicile.

» Nous eûmes avec M. le docteur Thomas Théodore De Backer, qui exerçait la médecine à Gheel depuis 52 ans, un entretien de plusieurs heures; ce médecin voulut bien sa-

tisfaire à toutes nos questions avec une obligeance parfaite.

» Voici le résultat des précieux documents que nous pui-
sâmes auprès de cet estimable confrère.

» Les fous qu'on conduit à Gheel sont généralement depuis
longtemps regardés comme incurables. Ils ont ordinairement
été déjà traités sans succès. Autrefois on venait chercher un
miracle, aujourd'hui on demande un dernier asile.

» Les médecins du pays ne sont appelés que lorsqu'il sur-
vient quelque maladie accidentelle, néanmoins M. De Backer
et ses confrères en ont traité quelques-uns, lorsque les familles les en ont chargés.

» Les causes les plus générales de l'aliénation mentale,
d'après ce qui a été observé à Gheel, sont les chagrins do-
mestiques, l'ambition déçue, les excès de dévotion, l'amour
contrarié.

» La démence est l'espèce la plus fréquente, les suicides
sont très-rares; il y a trente ans qu'un aliéné se coupa la
gorge.

» Les maniaques guérissent en plus grand nombre que les
autres aliénés, sinon leur agitation les précipite dans la démence.

» Il se guérit peu de monomaniaques, il en guérit moins
encore, lorsqu'ils sont en proie à des idées religieuses. L'on
a vu quelques folies intermittentes guérir, lorsqu'on a pu
déterminer l'aliéné à travailler à la terre pendant l'intermit-

tence. *Aussi la proportion des guérisons est plus considérable parmi les aliénés qui demeurent chez les paysans,*
quoique d'ailleurs ils soient moins bien soignés.

» La mortalité des aliénés qui habitent la commune est très-
rapprochée de celle des autres habitants ; avant la révolu-
tion de 1789, il y avait quatre cents aliénés, en 1803, la
population s'éleva à près de six cents, par l'envoi des aliénés
de Bruxelles. En 1812, ellle était descendue à cinq cents.
En 1820 et 1821, elle n'était que de quatre cents individus.

» Il ne faut pas croire que les rues de Gheel et les campagnes soient couvertes d'aliénés, on n'en rencontre qu'un petit
nombre; familiarisés avec ces infortunés, les Gheelois
les rencontrent avec indifférence, jamais les aliénés ne
sont l'objet de la curiosité des grandes personnes, des aga-
ceries des enfants, ni de la clameur publique; s'ils excitent
quelques rixes dans les cabarets où l'on a l'imprudence de
leur donner des liqueurs enivrantes, elles sont bientôt apai-
sées; si, chez leur hôte, ils se livrent à quelque violence, elle
est bientôt réprimée; les voisins s'empressent d'assister ceux
de leurs concitoyens qui sont aux prises avec un aliéné, et
les Gheelois ont une telle habitude, qu'ils ne redoutent pas
les plus furieux et les conduisent comme des enfants.
Quoique libres, ces malades ne sont jamais l'occasion d'accidents graves pour les femmes enceintes ni pour les enfants
du pays, et les habitants vivent au milieu d'eux dans la
sécurité la plus parfaite.

» Quoique les hommes et les femmes aliénés vivent librement entre eux et avec les habitants, il n'en résulte rien de
fâcheux pour les mœurs ni les grossesses, qui sont excessivement rares.

» Les Gheelois ont le même caractère, les mêmes mœurs,
les mêmes habitudes que les autres habitants de la Campine, il n'y a pas plus d'aliénés parmi eux que parmi les
habitants des communes voisines. »

Le célèbre Esquirol écrivait ces lignes, il y a plus de
trente ans. Nous n'avons extrait de son ouvrage, que ce qu'il
nous a paru intéressant de comparer avec l'état actuel des
choses ; malheureusement MM. Esquirol et Voisin ne
restèrent pas deux jours entiers à Gheel, ils ont eu peu
d'occasion d'observer par eux-mêmes, de là quelques erreurs.
D'abord l'église de Saint-Amand est confondue avec celle
de Sainte-Dymphne, de sorte que toute la narration qui en
résulte est bouleversée ; ce qui est curieux, c'est que toutes
les descriptions de Gheel postérieures à celle d'Esquirol, ont
évidemment emprunté cette erreur à son livre.

Depuis trente ans, Gheel doit être bien changé, car les
petites chambres qui ne servent aux aliénés que pour y dor-
mir, sont loin de ressembler à la description qu'il en donne ;
et, pour ce qui concerne les aliénés de Bruxelles, nous
avons la satisfaction de pouvoir dire *que le grand nombre
est bien et le petit nombre mal ;* encore ce dernier diminue-
t-il tous les jours, parce que les nouvelles constructions

facilitent l'amélioration des chambres réservées aux aliénés.

Quant à la nourriture, nous n'avons qu'une seule observation à faire en réponse à toutes celles qui ont été faites
sur cet objet : c'est qu'une nourriture suffisante pour des
ouvriers laboureurs est au delà de ce qu'il faut pour nourrir des malades, quel que soit d'ailleurs leur appétit. La
seule observation que nous admettions, c'est que la nourriture n'est quelquefois plus convenable alors que l'âge ou des
maladies intercurrentes exigent les soins et la diète d'une
infirmerie.

Quant aux chaînes, aux ceintures de fer et aux entraves,
c'était anciennement le seul moyen que l'on connût pour
obvier aux accidents produits par la divagation des aliénés;
pour excuser cet état même l'on objectait que l'aliéné pouvait encore jouir d'une certaine liberté, dont il serait privé
s'il était renfermé dans une cellule.

L'emploi des fers et des chaînes est détestable; c'est une
abomination qui a coûté bien cher à Gheel, quant à sa réputation. Dans un établissement fermé l'on peut tout cacher,
au moins ce qu'il y aurait de plus répugnant; mais ici, où
tout se passe au grand jour, en public, la vue de ces aliénés
parcourant la commune chargés de fers a toujours fait sup-
poser de mauvais traitements. Le cœur se serre de voir son
semblable traîner avec bruit de grosses chaînes retenues par
une espèce de cadenas; l'habitude peut seule diminuer la

force de ce sentiment, encore faut-il, pour le supporter, que l'on sache que ce n'est qu'une précaution que l'on prend contre des accidents possibles et que l'aliéné est, du reste, généralement bien traité.

Les freins et les chaînettes, dont l'administration de Bruxelles a permis l'usage pour ses pauvres, sont fabriqués de manière à ne point blesser les membres et à causer le moins de gêne possible; mais en est-il de même des aliénés des autres administrations que l'on voit errer dans les rues? non, car ce sont des chaînes fort incommodes et telles qu'on les fabriquait jadis; ces aliénés sont pour la plupart assez mal vêtus.

Nous expliquerons plus loin notre opinion au sujet de l'emploi des moyens de contention, moyens appropriés à des hommes qui sont nos frères et qui ont droit à toute notre pitié. Quant aux entraves que l'on pourrait substituer aux chaînes, nous en reconnaissons la salutaire influence dans des cas exceptionnels. Ainsi, chez certains furieux, elles produisent souvent une réaction morale très-utile au rétablissement de la raison; l'aliéné, dont la violence des idées le porte à croire que rien ne peut lui résister, finit par comprendre, au moyen de ce lien incommode, qu'il est dans la dépendance de quelque chose d'invincible et il finit par devenir inoffensif.

Avouons-le, l'emploi des fers a quelque chose d'odieux; il peut être un moyen de vengeance de la part d'un mauvais nourricier, et souvent ce moyen de sûreté a été employé sans raison par des nourriciers négligents qui se dispensent ainsi de toute surveillance. L'abus des fers, dans le cas de délire aigu, a quelquefois des suites funestes; nous allons relater deux cas qui y ont trait :

J.... arriva à la colonie atteinte de délire aigu; en conséquence du manque d'infirmerie où l'on puisse déposer les aliénés à leur arrivée pour leur choisir un nourricier convenable, J.... fut descendue chez un individu dont nous voulons laisser ignorer le nom. Cet homme est un simple journalier obligé de travailler hors de chez lui; J.... était violente et exaltée. Le lendemain, nous trouvâmes que le nourricier lui avait mis les entraves de fer aux pieds et la camisole de force, parce que, dans la journée, disait-il, sa femme étant seule à la maison, elle ne pouvait la maîtriser. A la suite de ce mauvais traitement, il se développa chez notre malade une violente inflammation gastro-intestinale et un érysipèle phlegmoneux à la jambe. Dans une infirmerie, il eût été facile de vaincre cette inflammation et de diminuer l'exaltation mentale; J.... aurait pu au moins être couchée dans un lit disposé de manière à ce qu'elle ne pût arracher le pansement de son érysipèle. Rien de cela n'était possible; le local, les ustensiles, le mobilier, rien n'était convenable.

Après avoir employé pendant quelques jours les antiphlogistiques les plus puissants, la malade n'allant pas mieux, le nourricier, fatigué de la violence de J...., ne voulut plus la garder chez lui. On la plaça chez un autre nourricier, très-brave homme, dont la femme et les filles sont très-soigneuses.

Chez son nouveau nourricier, l'état de J.... ne s'améliora pas; l'érysipèle phlegmoneux envahit toute la jambe et une partie du pied; la suppuration s'établit et de larges escarres gangréneuses se formèrent. Malheureusement l'habitation où elle se trouvait était fort étroite et nous étions en juin par une chaleur très-forte. L'on peut se figurer combien l'odeur infecte d'une suppuration considérable, accompagnée de perte de substance, était insupportable pour la famille du pauvre nourricier.

Néanmoins à force de médicaments antiseptiques et de bons soins, je parvins, à l'aide de ces braves gens, à rendre la santé à J..., qui recouvra ensuite la raison; quelques mois après elle quitta la colonie parfaitement rétablie de tous ses maux.

W... arriva à la colonie atteint de délire aigu. Pendant les 14 jours que ce malheureux y vécut, il m'est impossible de décrire ce qu'il y a souffert; il fut placé chez trois nourriciers; l'avant-dernier l'avait garotté de telle sorte que la gangrène était venue s'établir sur tous les points qui avaient été contusionnés; il fut heureux que la maladie principale, dont rien n'avait pu arrêter la marche funeste, lui épargnât les souffrances de ces nouvelles complications!

Nous venons de donner le tableau de cas bien rares, mais des plus mauvais qui se soient passés dans notre service à la colonie. Je puis dire que le délire aigu rencontre le plus souvent des nourriciers humains et patients; si on ne peut toujours le guérir, au moins les malheureux qui en sont atteints sont-ils convenablement soignés.

Par compensation, il est juste que nous racontions également le bien qui s'y pratique, c'est ce que nous allons faire dans le rapport des derniers moments d'une inconnue qui vint y terminer ses jours. Une femme sous le nom de Ve D. était à la colonie depuis près de vingt ans, on vint m'appeler pour la visiter; il y avait quelques jours que l'appétit paraissait baisser et le nourricier s'en inquiétait. J'arrivai vers midi, tout le monde était à table dans une chambre fort propre, dont le mobilier annonçait un paysan à l'aise. Quel ne fut pas notre étonnement de trouver une dame au maintien noble, aux manières simples et aisées, dînant seule assise à une petite table, sur laquelle l'on avait étendu une nappe blanche, tandis que le nourricier et sa femme étaient attablés plus loin comme le seraient des serviteurs.

J'en fis la remarque au paysan qui me répondit en flamand : Que voulez-vous, notre petite dame doit être d'une bonne famille et nous la respectons beaucoup.—Cependant, vous ne recevez que la pension des indigents? — C'est assez, Monsieur le docteur, nous aimons notre petite dame; et je voudrais bien pouvoir la conserver; je sais bien que ce que nous faisons, personne ne pourrait le payer, mais cela ne fait rien, nous n'avons pas d'enfants et c'est notre société.

J'appris que la Ve D... avait été trouvée folle à Bruxelles, et que jamais on avait pu obtenir aucuns renseignements sur son origine. Je la vois encore assise dans un grand fauteuil en paille, dans le meilleur coin de la grande cheminée du brave *Henri Haverens*. Par quelles vicissitudes extraordinaires, par suite de quel abandon affreux de la part de sa famille, avait-elle pu arriver folle dans le fond d'un village campinois ? Quelle providence avait ensuite voulu qu'elle reçût l'amour et le respect de la part de gens qui ne pouvaient même pas comprendre un mot de la langue qu'elle parlait ? Haverens ne put nous dire dans quel état de maladie cette dame était arrivée à Gheel ; l'examen nous démontrait une démence ancienne, peut-être le résultat d'un délire violent et longtemps prolongé. Aux questions répétées que nous lui faisions, elle nous répondait cependant toujours la même chose quand il s'agissait de sa famille : qu'elle était de l'Ile de France et que son père avait joué un grand rôle dans l'histoire. Il se peut que ses réponses eussent une signification ou qu'elles n'en eussent pas plus que tout ce que la démence invente ; cependant, chez elle, la mémoire n'était point complétement perdue et la faculté de juger existait encore par instants.

Elle devait avoir une soixantaine d'années. Pauvre femme ! que sa figure était encore noble et belle. Affaiblie par la maladie qui la minait depuis si longtemps elle succomba quelque temps après. Je me rappellerai longtemps le tableau de sa mort. Un vénérable ecclésiastique rendait encore plus solennels les adieux qu'elle semblait faire à ses bons nourriciers; elle ne voulut pas quitter leurs mains et les serrait encore au moment où elle expirait. La femme Haverens, qui est grande et forte, pleurait comme un enfant.

Nous parlions tout à l'heure des entraves de fer et nous les repoussions parce qu'il y a des moyens beaucoup plus doux à employer pour éviter des accidents; en fait de contrainte, nos principes sont qu'il faut tempérer *la force* par la douceur et les bons traitements, suivant les individus, ou bien tempérer *le laisser aller* par un peu d'autorité, ou bien, dans les cas les plus nombreux, n'employer que le laisser aller et l'amitié, ce qui est le moyen le plus souverain pour réussir auprès des aliénés dont la susceptibilité est extrême; un mot de douceur, une petite attention vous concilie leur faveur, mais la rudesse d'un bon cœur peut même les offenser. Que de leçons n'avons-nous pas prises auprès de nos paysans dans l'art de connaître les dispositions et de gagner la confiance des aliénés !

Nous avons longtemps réfléchi au moyen de pouvoir abolir les fers tout en conservant des garanties de sûreté pour les familles et des obstacles à la fuite des aliénés.

Dans le projet de réforme de Gheel, le règlement a divisé le territoire de la colonie en trois sections; à chacune d'elles il a attaché un médecin. Nous eussions désiré qu'à chaque section l'on eût également adjoint deux hommes valides aux appointements de 4 à 500 francs, avec charge de parcourir constamment chaque section et de faire la police des aliénés en leur prêtant aide et secours au besoin. Nous disons secours et cela à juste titre, car dernièrement nous avons eu à déplorer la mort d'un insensé qui s'était égaré la nuit dans un marais.

Voici comment je voudrais que l'on essayât de remplacer les fers :

Dans le cas où l'on suppose que l'insensé aurait conçu le projet ou s'il tentait de fuir :

1° Toutes les prévenances et consolations possibles ;

2° Vigilance du nourricier et du garde de section à la charge desquels seraient les frais de reprise ;

5° Le caleçon de force ou des freins en gutta percha.

Dans le cas de délire furieux :

1° La camisole de force, le caleçon de force ;

2° Isolement à l'infirmerie.

Nous pensons que des liens en gutta percha suffiraient pour tous les cas et empêcheraient toute attaque imprévue.

Lorsque le conseil général des hospices de Bruxelles ordonna que les chaînes et les freins grossiers fussent abolis et remplacés par des espèces de bracelets légers comparables à ceux que la mode fit porter aux dames il n'y a pas bien longtemps, tout le monde se récria à Gheel : *ces fers étaient trop minces, la chaînette trop fragile.* Chargé de la mise à exécution, nous tînmes bon, ils sont actuellement adoptés à la grande satisfaction des aliénés.

Quelques nourriciers cependant préférèrent ne pas en mettre du tout, et la chose a encore parfaitement réussi : des maniaques que l'on croyait dangereux sont devenus inoffensifs depuis qu'ils sont complétement libres.

Passons à ce que le savant Esquirol dit de M. le docteur T. De Backer père, aujourd'hui âgé de 86 ans, le Nestor actuel des médecins belges. Il est consolant de voir que notre honorable confrère a été justement apprécié par un des plus fameux médecins du siècle.

Les notes qui ont servi à former l'ouvrage d'Esquirol sur Gheel, sont le résultat des documents que M. De Backer lui a donnés ; qu'il nous soit permis de rendre un juste tribut de respect au noble vieillard, qui se repose actuellement de ses fatigues employées à secourir généreusement les riches et les pauvres, pendant près de cinquante années de pratique. La profession médicale est fière d'avoir à citer un pareil exemple, même alors que la faveur et les distinctions n'ont pu venir si loin chercher et honorer une existence vouée au soulagement de l'humanité.

Dans tout ce qu'Esquirol dit sur le service médical d'alors, on voit qu'il a été bien renseigné. En général, ce n'est qu'après avoir épuisé les ressources de l'art que les aliénés sont envoyés à Gheel, et ce n'est point chez un laboureur que l'on peut instituer un traitement complet de l'aliénation mentale. Aussi toutes les guérisons peuvent-elles à bon droit être attribuées à l'influence de l'air libre et aux soins de famille.

Parmi les aliénés, que M. De Backer a traités à Gheel, il a remarqué que ceux qui présentaient des types intermittents guérissaient le plus souvent lorsqu'ils s'occupaient de travaux d'agriculture.

Quelle différence en effet n'y a-t-il pas entre l'invitation implicite qui est faite à un aliéné de partager les travaux d'une famille devenue en quelque sorte la sienne, et la coërcition des aliénés d'un hospice qui fait exploiter une ferme. Dans le premier cas, le paysan demande un coup de main, dans le second, ce sont des piqueurs qui commandent le travail à faire. Cependant, nous approuvons la méthode de faire travailler les aliénés ou de les occuper, suivant leur condition, à des travaux manuels. La première violence morale surmontée, l'aliéné s'étant soumis (quelle que soit sa répugnance à s'occuper de travaux qu'il croit indignes de lui), la diversion s'opère, la chaîne des idées fausses est rompue, et la guérison en est souvent le résultat.

La mortalité des aliénés, dit Esquirol, est très-rapprochée de celle des autres habitants, c'est aussi notre opinion. Nous montrerons plus loin que les aliénés que nous avons perdus depuis que nous dirigeons le service sanitaire des hospices de Bruxelles, est très peu considérable eu égard à leur grand âge et aux maladies organiques qu'ils portaient depuis longtemps.

Nous approuvons ce qu'avance Esquirol, touchant la morale et la décence des aliénés des deux sexes, et de leurs rapports avec les habitants. Il y a eu des exceptions, des cas de grossesse parmi les aliénées se sont même présentés ; ainsi par extraordinaire en trois années, trois cas ont eu lieu ; mais si l'on songe au nombre de neuf cents à mille aliénés, on en accusera plutôt le manque d'un service de surveillance qui devrait pour les aliénés fonctionner comme une police bien organisée. Chaque section devrait avoir au moins un *garde* spécial des aliénés. Deux gardes même par section ne seraient pas de trop. Nous en avons déjà parlé au sujet des moyens de contention.

Esquirol, en quittant Gheel, fit l'aumône à un pauvre musicien, qui avait perdu la raison à la suite de surexcitations et d'excès que les artistes ne peuvent tous supporter sans danger.

Ce musicien, il y a dix ans qu'il est mort, mais son souvenir est encore présent à tous les habitants de la commune, à ceux qui sont amateurs des inspirations de Therpsicore. Ce fut sous les auspices de son talent qu'une harmonie fut créée à Gheel : il en était le chef. Depuis sa mort, le portrait du musicien, dans son *costume d'hospice*, orne le salon de la Société.

Nous félicitons cette Société de ne point craindre les sots

propos parce qu'elle manifeste publiquement sa sympathie et ses regrets pour un insensé.

Nous avons oublié de dire plus haut, que nos observations concordent avec celles de M. le docteur De Backer, qui dit avoir constaté un plus grand nombre de guérisons à la campagne que dans le centre du village.

CHAPITRE VI.

Rapport de la Commission d'enquête. — Projet de colonie agricole servant d'asile aux aliénés.

——

Nous allons passer en revue l'œuvre collective de plusieurs médecins distingués de Belgique, réunis en commission d'enquête pour l'examen de tous les établissements du pays.

Voici d'abord la description de Gheel, morceau remarquable de style et de vérité : « Lorsqu'on arrive à Gheel pour la première fois, rien ne réveille d'abord sa principale destination ; la grande rue à laquelle aboutissent quelques chemins latéraux, a près d'un quart de lieue de long ; à chaque extrémité se trouve une place et une église ; les maisons qui la bordent sont généralement propres et présentent un aspect d'aisance habituelle aux villages de la Campine ; ce n'est qu'après un examen plus attentif qu'on aperçoit quelque chose d'insolite dans la rare population qui circule dans la rue et sur la place principale : le costume uniforme de quelques individus, leur regard hébété ou hagard, parfois quelques oripeaux, voire même des *entraves aux jambes,* qui gênent la marche et la rendent chancelante, vous indiquent les infortunés auxquels la commune donne asile. Il est rare, d'ailleurs, que le calme soit troublé par suite de la liberté dont ils jouissent; il y a bien quelques rares importuns qui vous poursuivent en vous tendant la main aux portes des auberges, ou qui entrent brusquement en conversation avec vous; mais la plupart semblent vous éviter et passent rapidement à vos côtés sans avoir l'air même de vous apercevoir. »

Gheel, pour tous les écrivains qui en ont fait la description, pour tous les médecins qui en ont fait des rapports scientifiques, ne semble consister qu'en un seul village; c'est une erreur : il existe dix-sept grands hameaux, dont quatorze sont habités par des cultivateurs ayant charge d'aliénés. Ce sont : Kivermont, Hadschot, Holven, Rauwelkoven, Larum, Elsum, Poyel, Liesel, Steelen, Stokt, Wilaers, Winkelom, Laer, Aert, Oosterloo, Zammel et Bell.

Les trois derniers hameaux font exception et ne reçoivent point d'aliénés, parce qu'ils sont trop éloignés du centre de la commune.

Il est positif que si jamais le mot de Gheel pouvait avoir quelque chose de désagréable au souvenir d'un traitement que l'on aurait subi, la même objection n'existerait pour personne, si l'on disait dans le public : mon parent est à Poyel ou à Willaers, etc.

Pour se prononcer sur la manière dont on soigne les aliénés, il faut avoir visité la grande masse des habitations et des nourriciers, avoir pris note de l'état dans lequel ils ont été surpris, et cela non-seulement dans le village, mais dans tous les hameaux; car en ne visitant que le centre de Gheel, dans lequel les diverses commissions ont placé les individus habitués à la vie des villes et les plus tranquilles, tandis que d'un autre côté elles en ont éloigné les plus intraitables, on n'aurait fait que la moitié de la besogne.

Nous avons vu le paupérisme de près, dans une capitale, à Bruxelles, alors que nous y avons rempli les fonctions de visiteur des pauvres, et nous pouvons dire que la totalité des cellules que les aliénés occupent à Gheel, pour y passer la nuit, est de beaucoup supérieure et plus confortable que les chambres que nos indigents occupent en ville. Pour s'en convaincre, il ne faut que visiter ces impasses et les petites rues qu'habitent ordinairement les pauvres incrits sur le rôle de la bienfaisance; qu'y voyez-vous, sinon la misère et la malpropreté? venez ensuite comparer la rustique cellule de notre aliéné, son lit propre, la paille fraîche qui en garnit le fond, ses vêtements convenables et sa nourriture, et vous vous direz que l'administration des hospices de Bruxelles a rempli tous ses devoirs envers l'humanité. Dans l'intérêt de tous, il s'agit bien moins de construire de grands édifices, lesquels, en définitive, deviennent toujours trop petits, que de soulager efficacement le plus grand nombre avec le moins de frais inutiles.

7.

Poursuivons l'examen du rapport en y intercalant nos observations.

« En résumé, dit la Commission d'enquête, l'établissement de Gheel présente des avantages incontestables, inhérents à sa nature, et qu'il serait difficile, si non impossible, de réunir au même degré dans les hospices d'aliénés *même les mieux tenus.*

Cés avantages sont :

1º Le grand air et la liberté de circulation dont jouissent la plupart des pensionnaires.

2º Les facilités pour le travail et le genre d'occupations auxquelles on emploie les malades valides.

3º Le taux modique des pensions.

4º L'habitude qu'ont les habitants de vivre avec les aliénés, de les soigner ; la bienveillance avec laquelle ils les traitent généralement. »

Nous ajouterons un cinquième avantage, le plus grand de tous au point de vue de la guérison des malades :

5º La vie de famille, les soins de 9 ou 10 personnes saines d'esprit pour un aliéné ; enfin la vie sociale, privée de ses excitations maladives et organisée dans un but curatif de la folie.

La Commission ajoute plus loin :

« Mais à côté de ces avantages existent des inconvénients réels, que le zèle des autorités locales auxquelles il faut rendre justice, n'a pu parvenir à écarter jusqu'ici, et qui appelle une prompte réforme, si l'on veut conserver à la colonie campinoise son but d'utilité et sa destination. Nous allons les passer succinctement en revue en indiquant les moyens qui paraissent les plus propres à y porter remède et à consolider l'existence d'un établissement dont la Belgique peut s'enorgueillir à juste titre et auquel il ne peut être rien comparé d'analogue dans aucun autre pays. »

Nous pensons que cette enquête a rendu un grand service à l'humanité en attaquant de front des abus qu'une fausse honte ne doit point laisser de dévoiler et de faire cesser en les exposant au grand jour. Nous ne cacherons point non plus les vérités qui sont à notre connaissance et nous signalerons également les moyens les plus propres à y remédier.

En toute justice, disons d'abord, qu'en cherchant à améliorer la condition d'un nourricier, on obtiendrait simultanément le bien-être de son commensal. Nous avons démontré qu'à Gheel les loyers des terres et des maisons sont plus élevés qu'ailleurs en Campine.

Les personnes qui reçoivent chez elles des aliénés à bas prix et qui, n'ayant point d'exploitation rurale, doivent acheter presque toutes leurs denrées au marché ou chez les boutiquiers, ne retirent aucun bénéfice de la charge et de la surveillance de leur hôte. Pour les ouvriers surtout, pour lesquels le temps est de l'argent, la perte est très-sensible, il y aura donc gêne produite dans le ménage de ceux-ci, et l'argent trimestriel provenant de l'aliéné ne servira qu'à garantir le propriétaire du logis ou le boutiquier fournissant à crédit.

Le médecin est profondément initié à ces difficultés d'intérieur ; s'il avait le moyen de faire récompenser le nourricier qui aurait rempli tous ses devoirs envers le malheureux aliéné, et que cette récompense ne fût pas aussi minime que celle qui est accordée actuellement (chaque année une douzaine de nourriciers recoïvent de 6 à 10 francs), il en résulterait un avantage positif pour l'aliéné d'abord, et ensuite pour le nourricier, parce que cette récompense *éventuelle* ne pourrait servir de base à aucune spéculation.

L'agriculteur nourricier n'est pas dans une position aussi précaire, il produit lui-même ses denrées alimentaires, et il faudrait que leur valeur augmentât de beaucoup pour qu'il pût y perdre.

L'agriculteur possède encore un grand avantage sur l'ouvrier du village qui veut nourrir des aliénés. L'aliéné tranquille ou en convalescence peut aider le premier dans ses travaux des champs, tandis qu'il ne peut être d'aucune utilité au second, à moins d'une coïncidence bien rare, celle qui voudrait que l'aliéné et son nourricier fussent du même état.

Il faudrait donc, pour améliorer cette position, pouvoir attirer l'ouvrier ou le petit bourgeois du village dans les hameaux qui appartiennent à la commune.

A peu de distance du village, l'on trouve même des terrains de peu de valeur, que la petite culture finirait par améliorer; pourquoi ne donnerait-on pas des avantages aux bons nourriciers en leur facilitant leur établissement sur ces terres ou ces bruyères, lesquelles sont actuellement incultes?

Nous profitâmes, il y a deux ans, de la présence d'un savant agronome, M. A. Ysabeau, qui était venu habiter la Campine, pour lui demander son opinion sur l'établissement d'une colonie composée de nourriciers agriculteurs. Il eut l'extrême obligeance de nous remettre un mémoire à ce sujet que nous avons envoyé avec nos observations au Conseil général des hospices de Bruxelles. M. Ysabeau prédisait un succès certain et donnait tous les détails de chiffres pour une pareille entreprise.

En 1850, M. le Ministre de la justice a dit dans la Chambre des représentants, à l'occasion de la loi sur le régime des aliénés, que le Gouvernement n'abandonnait pas l'idée de construire un jour un établissement général; mais que cela coûterait au moins 2 à 5 millions. D'un autre côté, les journaux ont souvent annoncé que des études avaient été faites par ordre du Gouvernement pour l'établissement futur de colonies agricoles. De ces deux faits on peut conclure que le Gouvernement, convenablement éclairé sur les avantages que les aliénés retirent de leur mise en traitement à la campagne, n'hésiterait peut-être pas à établir une colonie agricole leur servant d'asile.

Afin de pouvoir assurer qu'il n'y aurait point de pertes à supporter du fait de l'établissement dont nous avons conçu la pensée, nous nous sommes non-seulement renseigné des connaissances agronomiques de M. Ysabeau, mais nous avons également consulté et obtenu l'assentiment de l'un de nos agronomes pratiques les plus distingués, M. le baron Charles Coppens, qui depuis douze ans a fait en grand des expériences de culture de bruyères, lesquelles ont réussi au plus haut degré.

Pour se faire une idée du bénéfice ou de la perte que les agriculteurs nourriciers pourraient faire relativement à leurs pensionnaires malades, nous avons recherché ce qui se passe à Gheel, et nous avons essayé de classer nos aliénés de Bruxelles par rapport au travail qu'ils exécutent de bonne volonté.

Sur 540 aliénés dont 192 femmes :

    20 travaillent pour leur propre compte.

    42 pour leurs nourriciers qui leur paient 50 centi-
        mes par semaine.

    44 aident au travail intérieur du ménage.

    98 ne peuvent se rendre utiles qu'en épluchant
        des légumes.

En tout 204 travailleurs.

    43 se refusent au travail sous divers prétextes, ou
        sont des ambitieux.

93 sont des impotents nécessitant au contraire des soins, des travaux continuels, en un mot, ils causent de la perte de temps à leurs nourriciers.

—————

156 oisifs.

—————

340 pour total.

Ainsi près des deux tiers des aliénés peuvent s'employer utilement dans une pareille colonie.

Nous eussions désiré, dans notre projet, que l'on créât 50 petites fermes de six hectares, et 50 métairies de deux hectares, pour y distribuer 2 à 300 aliénés. Toutes les difficultés dans un pareil établissement viendraient à cesser d'elles-mêmes. Le nourricier serait convenablement rétribué, ses devoirs seraient accomplis sous peine d'être exclu de la colonie, tout ce qui est nécessaire au traitement moral et physique pourrait être exigé sans rien mettre à la charge d'une famille qui ne gagne, le plus souvent, que ce qu'il faut absolument pour se maintenir.

Une infirmerie, munie tout ce qui est nécessaire dans un établissement d'aliénés, se trouverait placée au centre; rien ne serait plus beau, plus humain qu'un pareil asile agricole. Tous les pays qui possèdent de vastes étendues incultes, pourraient les former, et le bienfait du traitement à air libre s'étendrait à des milliers de malheureux qui gémissent sous la règle et la discipline de l'isolement cellulaire!

Tous les pays à bruyères pourraient convenir ; l'expérience a fait reconnaître, dans les environs de Gheel, que l'hectare de terrain étant acheté à 100 fr., il fallait pour le niveler, le défoncer à un mètre de profondeur et l'amender au moyen de 80 mètres cubes d'engrais artificiel, 700 fr., ce qui en portait la valeur à 800 fr. et permettait de le louer immédiatement à 50 fr. l'hectare. Ce serait donc une bonne affaire, un placement avantageux de fonds. Le loyer des maisons à construire serait payé facilement au moyen de la pension des aliénés qui, dans ce cas, laisseraient encore du bénéfice pour le nourricier.

De ce que nous venons de rapporter, il nous paraît évident que le Gouvernement éviterait une dépense considérable, celle de 2 à 3 millions, en ajoutant à l'établissement de Gheel un asile agricole que l'on pourrait placer dans les bruyères mêmes de la commune. Nulle part un établissement général pour les aliénés indigents ne pourrait être créé à des conditions plus avantageuses, puisque le capital employé donnerait immédiatement un intérêt de 3 à 4 pour cent.

CHAPITRE VII.

De l'Infirmerie. — Ce que Gheel pourrait devenir en fait d'établissement public pour les aliénés.

———

Voici ce que la Commission d'enquête dit au sujet de la destination de la colonie.

« On reçoit actuellement à Gheel les aliénés de toutes les catégories, les furieux comme les paisibles, les curables comme les incurables. Cette confusion se reproduit dans les placements, et exclut toute possibilité d'une classification rationnelle des malades d'après la nature de leurs affections. Sans refuser aux nourriciers une grande habitude de vivre avec les aliénés, une grande bienveillance à leur égard, voire même un certain tact dans la manière de les conduire et de dominer leurs penchants vicieux ou dangereux, on peut cependant douter de leur aptitude à seconder un traitement parfaitement approprié à l'état de tous leurs pensionnaires. Le service médical, quoique sensiblement amélioré depuis peu (1842), est encore loin de suffire à cet égard à tous les

8

besoins; ce n'est pas dans une rapide visite, faite à plusieurs jours d'intervalle, que le médecin peut étudier son malade, préciser la nature de sa folie, en rechercher la cause, et exercer sur lui l'influence nécessaire pour la combattre. Les guérisons sont rares à Gheel; ce résultat ne doit-il pas être attribué non-seulement au grand nombre d'incurables placés à la colonie, mais encore à l'insuffisance du traitement suivi à l'égard des curables? Les fers dont on fait usage pour contenir les furieux, les étroites cellules dans lesquelles on les renferme, peuvent aussi contribuer à les exaspérer et à empirer leur état; l'obligation où l'on est de mettre les entraves aux aliénés disposés à s'évader, n'est pas moins préjudiciable.

» Toutes ces raisons nous font émettre le vœu que l'établissement de Gheel soit exclusivement réservé à l'avenir aux *incurables*, qui, d'ailleurs, forment déjà aujourd'hui la plus grande partie de la population.

» Il faudrait également s'abstenir d'y envoyer des aliénés à l'égard desquels il faut employer avec continuité les moyens de contrainte et de coercition, tels que les fers, la camisole de force et la reclusion. Nous rangeons dans cette catégorie, les monomaniaques, suicides, homicides et incendiaires, les évadés, les maniaques, érotiques, etc. Ils seraient placés dans des hospices fermés, tandis que les aliénés curables seraient envoyés dans les hôpitaux spécialement consacrés au traitement des maladies mentales. »

Nous pensons que l'on ne peut justement comparer le village le plus étendu de la Belgique, comprenant dix-huit mille huit cent trente-cinq hectares, avec un hospice ; quelle confusion peut-il y avoir dans le placement des curables ou des incurables, des paisibles ou des furieux ? Je comprends très-bien une classification ou quelque chose d'approchant dans un hospice fermé, mais à Gheel le classement n'apporterait rien au traitement des maladies, puisque tous vivent à distance, et n'ont que peu ou point de contact. Il est vrai qu'il faut des médecins en nombre suffisant pour le chiffre des malades, et voilà tout.

Nous sommes d'accord avec la Commission, quant au service médical, il a toujours été très-imparfait, et il le sera aussi longtemps qu'une infirmerie ne sera pas établie et convenablement entretenue aux frais du Gouvernement. Eh ! mon Dieu, à quoi servent les meilleures lois, les meilleurs règlements, si rien de matériel ne vient en aide aux malheureux que l'on abandonne pour ainsi dire aux efforts de la nature.

Tous les mémoires, tous les discours, tous les projets sont fort beaux, mais en quoi servent-ils ceux qui souffrent et qui n'ont pas même l'espoir de pouvoir venir passer leur dernière heure de souffrance dans une infirmerie dont on parle depuis bientôt 40 ans ?

Nous fûmes consulté par M. le Ministre de la justice, en mars 1850, sur l'établissement d'une infirmerie. Voici notre opinion à ce sujet :

L'emplacement d'une infirmerie devrait, suivant nous, satisfaire : 1° aux exigences de l'hygiène; 2° à la facilité du service, 5° à la convenance monumentale.

Dans un cercle tracé sur le plan de Gheel, autour de l'église principale comme centre, et à la distance d'un rayon de 1,200 mètres environ, nous avons cherché une localité saine et abordable au moyen d'une route pavée. Cette circonférence coupe trois grandes routes.

La première, celle de Gheel à Herenthals, offre le long de ces bords des terres assez basses, ne pouvant se débarrasser de leurs eaux que dans les temps de grandes pluies. La deuxième, de Gheel à Turnhout, et la troisième, de Gheel à Moll, offrent l'avantage de couper les collines qui séparent les bassins de la Grande et de la Petite Nèthe. Ce terrain est élevé, sablonneux et très-aéré ; sur la route de Turnhout, le point élevé que nous conseillerions est assez éloigné des habitations, sa nature sablonneuse en a empêché la culture ; il pourrait s'acquérir à bon compte, et l'on m'a assuré que l'eau y était de très-bonne qualité. Sur la route de Moll, non loin de l'église de Sainte-Dymphne, se trouve la continuation du même plateau sablonneux, mais il y est cultivé et plus rapproché des maisons, là le terrain sur lequel on bâtirait l'infirmerie serait dans l'enceinte consacrée par la croyance aux miracles de sainte Dymphne.

En ce qui concerne la disposition intérieure de l'infirmerie, le plan en a été fait en vue du principe d'économie de temps et d'argent.

La liberté, les rapports sociaux, continuellement pratiqués dans la vie de famille, formant la spécialité de Gheel, il ne fallait pour les aliénés qu'un local convenable pour y recevoir le traitement purement médical pour ensuite en aller attendre le résultat chez les nourriciers répandus dans les campagnes.

Le nourricier chargé de la partie matérielle de l'infirmerie aurait son bureau dans une salle centrale, laquelle pourrait contenir les armoires du service médical et pharmaceutique. Cette salle communiquerait par des portes vitrées avec des salles adjacentes situées à droite et à gauche. Derrière le bureau se trouveraient des portes vitrées donnant sur la galerie de service et la cuisine.

L'infirmerie contiendrait en tout de 50 à 60 lits.

A droite les hommes, à gauche les femmes; dans chaque aile, il y aurait deux compartiments, l'un destiné à la chirurgie, l'autre à la médecine.

Une petite chambre vitrée pour l'infirmier ou l'infirmière suivant le cas, serait située à l'extrémité.

Six chambres-cellules de chaque côté des ailes termineraient à angle droit l'infirmerie, elles serviraient de dépôt momentané aux furieux. Une galerie ou corridor relierait par derrière toute la maison avec la salle des bains, la cuisine, le petit réfectoire et l'état domestique.

Au premier étage du bâtiment central se trouveraient quelques chambres pour des payants et la lingerie.

8.

Dans le jardin se trouverait une glacière et des pavillons pour l'anatomie, etc.

Nous eussions désiré pouvoir proposer quelque chose de plus convenable. La salle de bains et de douches pour un hospice renfermant une population d'un millier de malades devrait être assez grande pour permettre de faire prendre à chaque aliéné au moins quatre bains par an. Mais des augmentations pourraient être faites plus tard; en attendant nous serions trop heureux d'obtenir le petit local que nous demandons.

Il y a déjà plusieurs années que le Conseil général des hospices de Bruxelles avait senti la nécessité d'une infirmerie; comme il s'agissait de bâtir dans une commune éloignée, le Conseil communal de Bruxelles ne s'associa pas à cette idée et les choses en restèrent là; cependant c'est sur l'initiative du Conseil des hospices que le Gouvernement s'est enfin décidé à s'occuper de cette utile construction.

La Commission d'enquête, après avoir généreusement énuméré les avantages de Gheel, arrive à la conclusion qu'il faut seulement y envoyer des *incurables !* Nous pensons, au contraire, qu'il faut chercher à multiplier des établissements libres, plus convenablement organisés encore que ne l'est Gheel, pour y envoyer tous les aliénés curables et incurables : les curables pour y subir un traitement approprié dans une infirmerie ou centre médical; les incurables pour les rendre autant que possible à la vie sociale.

C'est pour ceux qui sont tout à coup atteints de folie ou
qui en montrent quelques symptômes qu'une colonie est
d'une valeur inestimable; l'air libre est seul capable de ne
pas exaspérer la maladie lorsqu'elle ne fait que d'apparaî-
tre; l'idée d'être enfermé dans un hospice d'aliénés n'a-
t-elle pas quelquefois aidé à aggraver la position du malade
et à le rendre complétement fou ? Nous avons la ferme conviction que les gouvernements étrangers qui créeraient des
asiles ou colonies libres auraient bien mérité de l'humanité.

A Gheel nous n'avons jamais hésité à mettre immédiatement en liberté un aliéné guéri. Pourquoi n'avons-nous pas
attendu, comme Pinel et Esquirol le veulent, 6 mois ou un
an ? c'est tout simplement parce que les établissements
libres sont les mieux disposés pour ne point faire sentir la
transition de l'état de collocation à celui de liberté réelle.

Nous nous associons complétement aux observations suivantes de la Commission d'enquête :

» *Administration, surveillance.* — Il existe comme nous
l'avons dit, une administration générale pour cet établissement; mais à côté de cette administration, on a institué des
commissaires et des délégués spéciaux chargés du placement
et de la surveillance des aliénés envoyés à Gheel par certaines localités. De ce partage de pouvoirs, de cette confusion de fonctions, résultent des tiraillements, une sourde
rivalité qui éclate parfois en *reproches* et en *accusations
réciproques.* La direction, de même que la surveillance doit

être une, à notre avis ; c'est le seul moyen de lui donner force et autorité, et de mettre un terme à *certaines spécula-tions immorales* dont quelques agents particuliers se ren- dent coupables au détriment des insensés confiés à leur patronage. »

Ainsi que nous le verrons le Gouvernement a suivi le conseil de la Commission d'enquête, il a institué deux commissions qui, à des degrés différents, seront directrices de l'établissement. Nous souhaitons de tout notre cœur que ce mode d'organisation qui nous paraît un peu compliqué, réponde au but d'amélioration que l'on se propose ; dans tous les cas, l'expérience démontrera bientôt ce que l'on peut en recueillir et alors l'on pourra le conserver ou le modifier suivant les besoins.

Enquête, service médical. — L'unité n'est pas moins dési- rable dans le service médical que dans le service administra- tif. La division de la commune en sections est convenable, mais le nombre de ces dernières pourrait être limité à trois au lieu de quatre. Une visite par semaine pourrait suffire pour certains malades ; d'autres qui sembleraient comman- der des soins spéciaux seraient visités plus fréquemment. La direction locale nommerait pour chaque section un médecin, et un médecin-inspecteur choisi ou du moins agréé par la Commission de surveillance présiderait à l'ensemble du ser- vice. Ce médecin-inspecteur serait non-seulement chargé du service, de la rédaction des rapports, etc., mais encore du service de l'hôpital, dont nous allons parler, avec la faculté de réclamer à cet effet le concours de ses collègues chaque fois qu'il le jugerait à propos.

Aujourd'hui les aliénés qui tombent malades sont obligés de demeurer chez les nourriciers où ils manquent souvent de soins indispensables; la disposition vicieuse des locaux, la chaleur et le froid excessif, une alimentation mauvaise, la privation des ressources, l'éloignement des médecins sont autant de causes toujours agissantes qui peuvent aggraver les symptômes et précipiter le dénoûment défavorable des maladies. Le chiffre des décès des aliénés à Gheel est très-élevé, relativement plus élevé même que dans un grand nombre d'établissements où les insensés ne jouissent pas à beaucoup près des mêmes avantages de *salubrité*, de *liberté* et de *travail*. On peut, nous semble-t-il, en partie du moins, attribuer ce résultat fâcheux à l'absence d'une infirmerie, établie vers le centre de la commune, qui devrait contenir 1 lit par 30 aliénés, soit 24 lits en admettant que la population actuelle (700) ne subisse pas d'augmentation trop considérable; douze de ces lits seraient destinés aux hommes et douze aux femmes, dans des quartiers distincts et entièrement séparés. On annexerait de plus à l'infirmerie une vingtaine de cellules d'observation et de quarantaine où seraient provisoirement admis les aliénés à leur arrivée dans la commune et qui serviraient également à séquestrer au besoin les furieux. »

Nous convenons avec la Commission, que le service médical à Gheel, tant qu'il n'y aura point d'infirmerie, sera toujours très-imparfait, quel que soit d'ailleurs le zèle des médecins chargés du service sanitaire.

Le Conseil général des hospices de Bruxelles a nommé un docteur dans les trois branches de l'art de guérir, spécialement chargé du service sanitaire de ses pourvus ; il lui donne pour ce travail des appointements convenables.

Les autres administrations ne payant pour ainsi dire pas, ou du moins fort peu leurs médecins, il en résulte qu'il est très-difficile qu'un homme de l'art puisse vouer tout son temps à une œuvre de charité. Depuis bien des années les médecins et chirurgiens de Gheel se sont acquittés d'un devoir onéreux. Peut-on, en effet, espérer que dans un village, cette espèce de clientèle puisse conduire à la réputation ? Cela se pourrait dans les villes, que cela serait impossible dans les campagnes.

Tous les médecins qui ont écrit sur Gheel, ont signalé un de ses plus grands besoins, une infirmerie. Le projet de la Commission d'enquête nous paraît ne pas être en rapport avec le nombre d'aliénés actuels, et encore moins avec celui que des améliorations attireraient à Gheel.

Quant à la mortalité plus grande à Gheel que dans les autres établissements, nous donnons plus loin la statistique des trois années qui viennent de s'écouler pour les aliénés de Bruxelles, et nous croyons qu'elle n'est nulle part moindre que dans notre division, malgré les défauts justement signalés par la Commission.

La discussion de la loi sur les aliénés dans la Chambre des représentants a amené à parler de la nécessité d'un hospice général des aliénés; le choix de l'emplacement en serait difficile, puisque nos chemins de fer ont rapproché toutes les distances; il n'y a plus de centre, toutes les communes pourraient espérer le choix du Gouvernement. Mais supposant que l'on se décidât à créer quatre hospices de 500 malades chacun dans diverses provinces; il n'y aurait pas moins de 100 maniaques à enfermer dans des cellules de 10 pieds carrés dans chaque hospice, ce qui ferait 400 cellules de dix pieds, en somme 4,000 pieds de bâtisse, rien que pour enfermer des malades! L'imagination s'effraie en pensant à ce que ces établissements coûteraient pour loger et entretenir 2,000 aliénés.

Examinons Gheel, qui aujourd'hui à lui seul en contient près de mille; un étranger cherche à Gheel des aliénés dans les rues. Eh bien! si l'on doublait ce nombre, au bout de huit jours il n'y paraîtrait pas. Ces établissements si dispendieux à bâtir sont donc tout faits à Gheel; l'humanité souffrante serait secourue dans la proportion de ses besoins et en vue des moyens de réserve que la société possède pour les secours publics. Notons que l'intérêt de l'argent que coûteraient ces immenses asiles, serait à lui seul capable d'entretenir une bonne partie des aliénés.

CHAPITRE VIII.

**Statistique des aliénés de Bruxelles. — Moyens d'améliorer le
sort des aliénés et la position des nourriciers.**

Les aliénés, en 1849, 1850 et 1851 nous ont offert l'occasion de pouvoir formuler notre opinion sur Gheel. L'hospice
des insensés de Bruxelles a eu une population de 320 à
560 malades des deux sexes.

En 1849, 72 entrées eurent lieu. Sur ce nombre :

En fuite. 1

Mort accidentelle 1

INCURABLES.

Idiots. 5

Imbéciles 11

Démence confirmée 8

Épileptiques. 2

Paralysés 2

28

Sur 44 curables :

Sortis guéris. 20

Morts 9

En traitement. 15

Total. . . . 72

Au 1er janvier 1850, la population de l'hospice était composée de :

Maniaques tranquilles, déments et paralysés	122
Idiots	26
Imbéciles.	42
Épileptiques	22
Maniaques agités.	47

MONOMANIAQUES.	Religieux.	16
	Ambitieux.	14
	Érotiques et nymphomaniques. . .	5
	Politiques	1
	Démoniaques.	2

Mélancoliques	21
Délire aigu.	4
Convalescents	8
Invalides.	15
Total. . . .	545

En 1849, le mouvement médical suivant eut lieu :

1er trimestre, guéris	9,	morts	9
2e id. id.	19,	—	5
5e id. id.	18,	—	5
4e id. id.	12,	—	15
	58		52

Il faut remarquer que, dans notre première année d'exercice, nous trouvâmes quelques pourvus capables de rentrer dans la société,

L'année 1850 a eu pour résultat, sur une moyenne de 545 aliénés : 17 guérisons et 25 morts.

46 aliénés sont entrés à l'établissement.
$$\begin{cases} \text{2 désertés.} \\ \text{2 partis pour leur domic. de secours.} \\ \text{3 morts.} \\ \text{5 guéris.} \end{cases}$$

Reste 34 individus.

lesquels se subdivisent en

curables et *incurables.*

Délire aigu .	1	Paralysie progressive.	7
Manie	4	Démence	10
Monomanie .	2	Épilepsie et démence .	1
Dipsomanie .	1	Démence sénile	1
Lypémanie .	4	Idiotie congéniale . . .	1
Imbécillité . .	1		

On voit que la proportion des incurables est près du double de celle des curables. Sur les 25 décès, 10 sont dus à l'extrême vieillesse. Ces dix vieillards étaient à Gheel depuis 1803; le n° 1 du matricule avait près de cent ans! Ces faits sont concluants, les bons soins que les aliénés reçurent pendant quarante-sept années sont la preuve de ce que nous avons avancé, que la très-grande généralité est bien soignée.

La statistique médicale de 1851 donne, sur une moyenne de 325 malades, le mouvement suivant :

30 morts et 9 guérisons.

Sur les 50 décès :

8 sont morts de vieillesse;

7 de la paralysie progressive des aliénés;

8 vieillards d'affaiblissement général ou marasme consécutif à la folie;

6 Épileptiques d'apoplexie foudroyante ;

1 de délire aigu.

On voit que, hormis le délire aigu, les autres maladies étaient incurables.

55 malades nous furent amenés en 1851 :

4 furent réclamés, 1 est en fuite, 2 sont morts, 5 sont partis guéris.

La paralysie progressive, l'épilepsie et la démence ont été les maladies incurables que présentaient le reste des aliénés.

Le remarquable rapport de la Commission d'enquête forme, ainsi que les aliénistes le savent, un des ouvrages les plus approfondis sur la matière; elle a jugé tous les établissements de la Belgique avec un esprit de justice et de désintéressement remarquable. Quant à celui de Gheel, étant hors règle, il est arrivé que certaines observations, très-justes pour les établissements fermés, lui furent appliquées comme règle générale, sans cependant lui convenir.

La Commission doute que la réunion d'hommes et de femmes chez le même nourricier soit exempt d'inconvénient, il n'y en a cependant aucun; les grossesses des femmes aliénés sont rares, nous n'en avions point entendu parler depuis nombre d'années, lorsque, il y a deux ans, trois femmes furent trouvées enceintes, mais il fut reconnu que ces rapports n'avaient pas eu lieu entre aliénés. Suivant nous, la faute en est de ce que les médecins, plus aptes à connaître les dispositions de leurs malades, ne sont nullement consultés dans leur placement, ils ne peuvent même pas obtenir le déplacement d'une aliénée lorsqu'ils ont reconnu l'inconvenance du placement; nous avons des faits à ce sujet qui parlent plus haut que tout ce que l'on peut apporter de raisons pour éloigner les médecins de la direction des aliénés. Nous demandons au Gouvernement de rendre les médecins responsables, pour ainsi dire, des mœurs des insensés; ils doivent posséder des registres sur lesquels l'état maladif, le caractère et les inclinations de chaque individu doivent être notés, ils doivent également apprécier la moralité, les soins, la propreté et la nourriture concernant le nourricier. S'ils remplissent bien ces notes, il est évident qu'ils verront que certains placements font courir, au sujet de ce qui nous occupe, les plus grands dangers aux femmes que l'on place chez le premier venu, voire même des célibataires et des veufs.

Que la promiscuité des sexes dans un hospice soit une chose effroyable, je le concède, mais à l'intérieur d'une famille honnête, il n'en est pas de même. La mère de famille, les filles de la maison seraient bientôt au courant de ce qui pourrait se passer d'impropre ou d'indécent. La Commission voudrait que l'on mît les hommes dans une section du village et les femmes dans une autre, je crois que cette division aurait un effet contraire à son but, elle attirerait l'attention de tous les aliénés sur des mesures prêtant à malice, et serait sans résultat puisque les aliénés peuvent courir les champs.

Nous sommes de même avis que la Commission au sujet des cellules. Elles sont ou trop étroites ou mal closes et souvent malpropres. Mais comment faire pour redresser ce mal? Les propriétaires sont partout mal disposés à faire des améliorations, et puis pour un fou voudrait-on s'en donner la peine?

Nous connaissons cependant un excellent moyen pour que toutes ces améliorations aient lieu sans retard et sans murmures.

La loi considère toute maison qui héberge un aliéné comme un établissement soumis à certaines règles et devant présenter certains avantages pour les aliénés; ce n'est que lorsque ces conditions sont remplies que l'autorisation est accordée. Eh bien, que l'on ordonne qu'il y ait quatre catégories de nourriciers, suivant les *avantages* qu'ils présenteront en sus de ce que la loi exige; que l'on déclare que les nourriciers, pour être inscrits par rang alphabétique dans la première classe, doivent obtenir de la commission permanente et des médecins réunis quatre bonnes notes sur

9.

La moralité et la charité ;

Les soins et la propreté ;

La nourriture ;

Et le logement ;

Que ceux qui n'en obtiendront que trois, seront de la 2ᵐᵉ classe, que ceux qui n'en obtiendront que deux seront de la 3ᵐᵉ, et ceux qui n'en auront qu'une seront relégués dans la quatrième. Les premières conditions de moralité seraient exigibles dans toutes les catégories.

On placerait les aliénés à tour de rôle en commençant par la 1ʳᵉ catégorie ; mais le nourricier de cette catégorie aurait l'avantage, dans le cas de vacature, d'être toujours servi avant le premier nourricier de la seconde classe et ainsi de suite.

Quant au logement, on en fixerait les dimensions à 2 mètres sur 3 de surface et 2 mètres 50 de hauteur. (Il faut noter que nos aliénés n'y font que passer la nuit et que les paralysés seraient placés à l'infirmerie).

Les registres seraient accessibles aux nourriciers, ils pourraient lire en toutes lettres ce qu'il leur manque ou ce qu'on leur reproche et ce qu'ils doivent faire pour être de la première classe.

Nous avons exposé notre système à beaucoup de nos nourriciers, et tous l'ont vivement désiré et approuvé pour divers motifs ; ainsi plus de partialité soit envers des fermiers locataires, des pratiques ou des fournisseurs. Il ne faudra plus appartenir à telle ou telle opinion politique, mais remplir son devoir envers les malheureux. Six mois seraient fixés pour l'agrandissement des cellules.

Pour ce qui concerne la difficulté des deux langues, dès notre arrivée à Gheel, nous comprîmes qu'il était fort utile que les aliénés et les nourriciers pussent se comprendre ; nous publiâmes à cet effet des dialogues français-flamand se rapportant à ce qui concerne la vie d'intérieur. Nous les avons fait distribuer gratuitement aux nourriciers et à leurs enfants ; M. Castaigne, professeur de langue française à Gheel, a eu la bonté d'adopter cet ouvrage dans ses classes ; c'était le meilleur moyen d'arriver au résultat désiré. Cependant, quelquefois nous avons retiré de grands avantages de ce que des nourriciers et des aliénés ne se comprenaient pas : ainsi, dans certaines exaltations morales, j'ai vu d'interminables questions se résoudre, parce que le nourricier ne comprenait pas ou feignait de ne point comprendre son hôte.

CHAPITRE IX.

Des règlements de Gheel en 1676, 1747, 1754 et 1838.

—

Gheel, dans l'opinion publique, est un établissement à améliorer et non à détruire; d'ailleurs, il ne serait peut-être pas possible d'opérer cette destruction, quand même on en retirerait tous les commensaux pendant un certain laps de temps, car on viendrait en pèlerinage pour sainte Dymphne, et avec le temps la colonie se constituerait de nouveau.

Suivant nous, il n'est non plus au pouvoir de personne de faire que les aliénés soient obligés d'être enfermés à Gheel. A ce sujet, on a posé la question de savoir pourquoi Gheel ferait exception au reste du pays, en ne se conformant pas à l'art. 95 de la loi communale, lequel prescrit la règle de renfermer les aliénés en vue des accidents.

Si Gheel ne fait point exception à la loi, on peut considérer sa propre volonté de laisser les aliénés en liberté sur son territoire, comme une exception soufferte et tolérée à la suite d'un ancien usage basé sur une croyance religieuse. Un fait existe depuis des siècles, il est approuvé et continué par l'immense majorité des habitants; ce sont eux qui nomment et délèguent leurs représentants au conseil communal. Certes les électeurs n'ont pas donné mission à ceux-ci de réclamer la mise en exécution de l'art. 95 : supposons un instant que l'on pût le mettre à exécution et que les aliénés dussent partir, qu'en résulterait-il ? la ruine des principaux bourgeois et boutiquiers, et par contre coup de tous ceux qui ont acheté des propriétés depuis que la localité a acquis l'importance dont elle jouit au sujet des aliénés.

D'ailleurs le fait notoire de la liberté des aliénés à Gheel a été cause, de la part de la Législature et du Gouvernement, de la loi du 18 juin et de ses règlements par arrêté royal; c'est donc un fait qui est passé dans le droit public; nous croyons même que la loi morale qui, depuis tant de siècles, a décrété qu'il y avait *utilité humanitaire* à permettre à des malheureux de jouir de l'air libre ne pourrait être impunément violée par personne.

Quel malheur pour bien des aliénés que d'être obligés de quitter Gheel ! Nous avons été témoin des scènes déchirantes qui se sont passées lorsque les Conseils des hospices de quelques villes jugèrent convenable, à cause de deux ou trois centimes de différence, d'envoyer des aliénés, qui étaient depuis des années en pension à Gheel, dans un établissement qui va solliciter partout l'entreprise de ces malheureux. Nourriciers et aliénés s'embrassaient en pleurant!

Quelques aliénés se cachèrent pour éviter le départ, il fallut employer la force pour faire entrer certains autres de ces malheureux dans l'omnibus qui devait les emmener.

Il est vraiment heureux de pouvoir raconter des traits de générosité qui honorent de pauvres gens. Dernièrement j'allais visiter un jeune homme épileptique. Comme je l'avais toujours trouvé bien soigné par la vieille femme chez laquelle il est placé et que j'avais appris que tous les ans les parents de ce malade venaient le visiter à Gheel, je n'hésitai pas à demander à la Ve *Laenen* en quoi consistait le cadeau qu'elle recevait annuellement; elle sourit et me répliqua : les parents de *notre* Joseph sont pauvres comme moi, ils font la route à pied, je les garde huit jours et ils s'en retournent à Bruxelles, mais je leur donne un *kramick* (pain de seigle bluté) et du lard pour manger en route !

Voilà un de ces traits qui peut faire comprendre les liaisons de cœur entre des malheureux et la dureté de ceux qui les brisent.

La Commission d'enquête, après avoir calculé ce que des améliorations pourraient coûter, termine ses observations par les lignes que nous allons rapporter. Remarquons auparavant que la Commission semble croire que le Gouvernement ne pourra faire aucun sacrifice pour un asile qu'il prend sous sa direction et que ce sont les familles des insensés riches et les administrateurs des hospices qui doivent faire tous les frais; il n'est cependant guère possible qu'un

asile public puisse faire les choses comme dans une entreprise particulière, le Gouvernement veut une surveillance
et un service médical qui ne laissent rien à désirer, il sera
donc obligé d'en faire les frais. Voici du reste l'opinion de
la Commission :

« Toute la réforme proposée repose, comme on voit, sur
l'augmentation du tarif des pensions ; mais cette augmentation ne peut avoir lieu à Gheel sans que le régime qui la
justifierait ne soit également prescrit dans les autres établissements analogues du pays. S'il en était autrement, la
colonie campinoise, peuplée au nom de l'économie, ne tar-
derait pas, quoique sensiblement améliorée, à être désertée
en vertu du même principe. »

Il est possible que l'économie de quelques centimes
puisse être la cause d'une diminution des aliénés indigents à la colonie de Gheel. Cette diminution a même eu
lieu en 1850, une centaine de pensionnaires furent retirés
et envoyés à Bruges. Depuis cette époque le nombre des
aliénés est de nouveau à l'accroissement et actuellement il
atteint presque le chiffre de mille individus. Mais, qu'à cela
ne tienne, le traitement à air libre et les améliorations qui
vont avoir lieu ne manqueront pas d'y attirer non pas des
indigents, mais bien des pensionnaires appartenant à la
classe moyenne et nous prédisons que si jamais les familles
viennent à comparer les deux systèmes, c'en est fait du
système d'isolement cellulaire, tous les nouveaux établisse-

ments s'empresseront d'adopter celui qui convient le plus aux idées nouvelles sur l'aliénation mentale.

Avant de terminer ce mémoire il nous reste encore à apprécier les règlements qui ont régi cette antique colonie.

L'histoire des lois et règlements sur la colonie de Gheel démontre combien les idées se sont modifiées et combien elles sont encore en voie de progrès.

Le plus ancien document que nous ayons pu nous procurer date du 16 février 1676. Il est signé : Pour copie, *Blereau.* Nous rapportons textuellement :

Le bailli et échevins ordonnent que tous ceux qui hébergent des fous ou des sots, lieront ceux-ci des pieds et des mains de telle sorte qu'ils ne puissent nuire à personne, sous peine de responsabilité des méfaits et nuisances ; et qu'ils les empêcheront d'entrer dans l'église paroissiale de St.-Amand, sous peine d'une amende de 6 florins.

Le 6 mai 1747, le bailli et échevins ayant reconnu que les fous causent différents désordres, qu'ils ne sont point surveillés, qu'ils errent librement, qu'ils se noient et causent des accidents, etc., ordonnent que tout fou ou sot retenu par des entraves n'entre plus dans l'église de St-Amand ou de Ste-Dymphne sans être accompagné de son nourricier ; qu'aucun aliéné ne sera plus *entravé* ou *lié* sans connaissance préalable et permission du révérend doyen collégial pour ceux qui seront placés à l'infirmerie attachée à l'église de Ste-Dymphne et pour tous les autres aliénés, sans la permission du bailli, le tout sous peine de 6 florins d'amende. Item, ordonne que tout nourricier d'aliénés appartenant à la religion catholique romaine s'adressera soit au révérend doyen collégial, soit au curé, afin qu'ils puissent s'assurer si les aliénés sont capables de recevoir les Saints Sacrements, attendu que beaucoup meurent sans assistance de l'Église, faute d'avertissement ; le tout sous peine de 6 florins d'amende. Item, que tous ceux qui tiennent des fous, provenant soit des villes, villages, ou des maîtres de pauvres, les fassent inscrire à leur nom, afin de payer les frais d'enterrements de ceux qui viendraient à mourir.

La même ordonnance fut publiée de nouveau le 20 janvier 1754. — Secrétaire : BACLÉ.

Le 19 janvier 1754, le secrétaire Baclé signe encore une nouvelle ordonnance :

Nonobstant les ordonnances du 16 février 1676 et du 6 mai 1747, beaucoup de désordres ont encore lieu, provenant de ce que les nourriciers ont peu ou point de soins de leurs aliénés, et qu'ils sont libres de telle sorte que l'on ne puisse plus faire de distinction entre un homme fou et un homme raisonnable ; et cela, parce que les nourriciers réprimandés répondent toujours : « Ah ! mon fou ou commensal n'est pas méchant, il ne fait de mal à personne, bien plus, c'est le meilleur enfant du monde », ou autres raisons semblables. — Nonobstant que ces fous ne leur sont confiés que pour être tenus et surveillés chez eux, considérant que les habitants de cette commune ne doivent pas être journellement exposés à des affronts, des tourments et des malheurs, le bailli et échevin renouvellent les anciennes ordonnances, et ordonnent ce qui suit : qu'à l'avenir les nourriciers tiendront en sûreté leurs fous ou commensaux, soit avec des *entraves*, soit en les *enfermant*, ou *de toute autre manière*, afin qu'ils ne puissent faire de mal à personne, et que les nourriciers payeront tout dommage causé par leurs pensionnaires, et qu'ils payeront en sus six florins d'amende.

Item, que ceux qui hébergeront des fous ou aliénés, devront les surveiller et les tenir au logis, de manière à ce que depuis la Saint-Bavon (1er octobre) jusqu'à Pâques, ils ne sortent pas avant huit heures du matin, et soient rentrés le soir à quatre heures, et de Pâques à la Saint-Bavon, le matin à six heures, et le soir à sept. Sous peine, s'ils sont rencontrés, de payer une amende de trois florins, autant de fois qu'ils seront trouvés délinquants, sous quelque prétexte que ce soit, et que l'on ne pourra présenter pour excuse qu'ils ont récupéré leurs facultés, ayant été placés comme insensés.

Item, que les nourriciers empêcheront positivement leurs aliénés de sortir des maisons avec du feu, de la lumière, ou des pipes allumées, sous peine de trois florins d'amende; ordonnent aux fins d'exécution, etc.

Ces ordonnances sont toutes conformes à l'esprit du temps sur les aliénés. Quelles ont été avant 1600 les règles établies? c'est ce qu'il n'est plus possible de savoir. A l'époque du premier règlement (1676), on considère les aliénés comme des criminels et des possédés qu'il faut punir, lier ou enfermer ; il est juste d'inférer que lorsque l'administration locale conseillait de sévir, la répression des violences pratiquées par les aliénés entraînait une réaction brutale de la part des nourriciers. Un siècle plus tard, l'emploi de la force est limité ; pour enchaîner les aliénés, il faut la permission ou l'assentiment du doyen collégial, ou bien du curé de la paroisse. C'était déjà une grande amélioration pour les malheureux. Les ordonnances de 1750 critiquent le peu de soins et de surveillance que l'on employait envers les fous, cependant elles critiquent en même temps la liberté qu'ont les aliénés d'errer çà et là comme des personnes raisonnables, elles ajoutent naïvement, que c'est à s'y tromper et ne savoir à qui l'on a affaire. Enfin toutes les peccadilles et contraventions s'expiaient par une amende de trois à six florins.

D'un autre côté, l'on voit que les aliénés d'alors cherchaient à se venger des mauvais traitements ; ils insultaient, tourmentaient et causaient des accidents, sans doute, autant que leurs chaînes le leur permettaient ; sur ce, M. le bailli et ses échevins prononçaient des amendes après que les dégâts avaient été réparés.

C'est probablement au matérialisme de cette législation ancienne que les dernières ordonnances du 19 novembre 1858 auront emprunté quelques articles qui graduent les

peines ou amendes, suivant la méchanceté d'un acte ou
l'existence d'une plaie.

N'eût-il pas mieux valu prendre pour base les attributs
de la charité, le dévouement et la pitié que ceux de la matière, l'égoïsme et la punition. Le clergé n'est pas même
mentionné dans ce règlement communal.

En voici le résumé :

Dans le préambule, l'auteur demande que la commune
nomme un directeur général et un médecin spécial qui ne
s'occuperait que du traitement de la folie. La commune
n'ayant pas les moyens de les récompenser dignement, c'est,
dit-il, au Gouvernement et à la province de s'occuper de
l'amélioration du sort des insensés, et à fixer les appointements de ces deux fonctionnaires. Au premier incomberait
le travail des registres matricules et la comptabilité, au
second le soin des rapports, le classement des malades, le
traitement des curables et finalement la statistique de l'établissement.

Deux points sont à considérer, la protection des habitants
au sujet des aliénés, et les devoirs à remplir envers les malheureux malades ; le but du règlement sera donc de garantir
ces deux intérêts.

Pour prévenir les abus possibles dans le sens des offres
d'argent, présents ou cadeaux de la part des nourriciers aux
surveillants, dans le but de leur faire négliger leurs devoirs,
le collège des bourgmestre et échevins devra conserver la

surveillance générale et le contrôle des administrations particulières.

Rien, ajoute le rapporteur, n'est plus préjudiciable que l'usage des cadeaux et des présents, cela conduit communément aux plus grands abus et tourne finalement au détriment des malheureux.

On doit sévèrement punir le nourricier qui offrirait de l'argent, ainsi que le surveillant qui accepterait des cadeaux pour cacher de mauvais traitements, le manque de soins ou le relâchement des devoirs.

Tout paiement doit être considéré comme illégal et poursuivi comme tel, s'il a un but autre que celui fixé par les parents ou les hospices qui ont placé l'aliéné et déterminé sous le titre de frais de surveillance et de garde.

Le premier chapitre contient 9 articles et n'a trait qu'à la partie administrative.

Le second chapitre a rapport au service médical. Il contient six articles qui traitent des fonctions du médecin-aliéniste ainsi que de ses appointements. L'art. 16 concède aux hospices et aux familles le droit de faire traiter leurs malades par un médecin qui a leur confiance, seulement en cas de *maladies accidentelles*.

Le chapitre troisième traite de la surveillance et de la police; il contient 26 articles.

Dans l'art. 18, le collège échevinal et le conseil se chargent de l'inspection générale; à ce titre, ils contrôlent les surveillants spéciaux pour éviter les abus qui pourraient s'introduire dans leur service.

L'art. 19 prohibe les cadeaux et présents sous quelque forme que ce puisse être.

L'art. 20 punit de *trois francs* d'amende le nourricier et le surveillant surpris se donnant et acceptant des cadeaux.

L'art. 26 permet d'enfermer, de mettre la camisole de force et même les chaînes aux aliénés, dont la folie ou la période de fureur aura pris un caractère de violence.

L'art. 28 permet des fers légers doublés de cuir à l'intérieur à l'usage des aliénés qui ont la ferme intention de s'évader.

L'art. 29 déclare *infâme* le nourricier qui aurait battu ou maltraité son pensionnaire, à moins qu'il ne puisse prouver qu'il était en état de légitime défense.

L'art. 50 punit d'une amende de *cinq* francs, le nourricier chez lequel un accident est arrivé : par exemple, la mort d'un monomane suicide ou d'un épileptique par suite de manque de surveillance.

L'art. 51 punit d'une amende de *six francs*, le nourricier dont les pensionnaires seront tenus malproprement et sur lesquels on trouverait *des taches noires, la gangrène* ou *des blessures*.

Quelques autres articles punissent encore d'amendes plus ou moins fortes diverses contraventions aux règlements de police.

Enfin, l'unique compensation à ce code pénal se trouve dans le § 3 de l'art. 40, où il est dit : qu'un *tiers des amendes* servira à récompenser les nourriciers qui se seront distingués par leurs soins et le plus grand nombre de guérisons.

Nous n'avons point le moindre doute que les choses se sont améliorées depuis 1838, car ce règlement s'appliquerait mal à la population dont nous avons décrit le dévouement, et pour nous, nous le disons en conscience, il nous a été bien pénible de ne pouvoir récompenser l'abnégation angélique de bien des nourriciers, surtout de ceux qui ont dû soigner la plus terrible des affections, la paralysie progressive.

Ce qui nous frappe, c'est que le règlement de 1838 ne dit pas un mot de l'*infirmerie*, la véritable amélioration des malheureux ; sans celle-ci, le médecin spécial qui ne devait pas s'occuper des maladies intercurrentes, à quoi aurait-il servi ?

Du reste, tous ces règlements ont été, à Gheel, des lettres mortes, le préambule de chaque ordonnance l'avoue et s'en plaint. Le dernier règlement était déjà tombé dans l'oubli, quoiqu'il ne datât que de 1838, et il nous a fallu beaucoup de recherches pour en obtenir une copie.

Dans un village ou bourg, où tout le monde est plus ou moins parent, allié ou connaissance assez intime, il était difficile de mettre de pareilles ordonnances en exécution.

Comment infliger toutes ces amendes? c'était impossible sans se créer des inimitiés profondes et invétérées. La vie sociale ne serait presque pas possible dans une petite localité avec de pareilles conditions. Nécessairement personne ne mit ce règlement en vigueur, et tout en resta là. Aussi, depuis bien des années, des habitants de Gheel, désireux d'améliorer le sort des aliénés et la position de ceux qui les soignent, appelaient de tous leurs vœux l'action du Gouvernement en remplacement de l'autorité communale, non pas qu'ils n'eussent pas confiance en celle-ci, mais parce qu'ils savaient qu'elle était impuissante à opérer une réforme véritable.

Les employés du Gouvernement étant soumis aux règles qu'on leur prescrit, ils ne peuvent en dévier sans encourir le blâme et les conséquences fâcheuses qui suivent ordinairement le non-accomplissement de fonctions ; ôter à la commune la nomination des employés c'était déjà assurer l'exécution des règlements.

La loi sur les aliénés a mis ceux-ci spécialement sous la garde du Gouvernement ; riches ou pauvres ne peuvent échapper à sa surveillance ; mais à quoi servirait une surveillance pure ou simple pour ceux qui ne possèdent point de fortune dans un établissement dont personne ne serait le chef? il fallait un protecteur actif et les aliénés l'ont trouvé dans l'État, car c'est lui qui établira et dirigera l'infirmerie sans en faire l'objet d'une exploitation lucrative. L'État est donc plus désintéressé que qui que ce soit, dans cette question, et s'il veut améliorer l'établissement dont les profits seront à la commune, il doit commencer par des dépenses; celles-ci exigent qu'il s'en réserve l'inspection et la direction.

Voici ce que la loi du 18 juin 1850 sur le régime des aliénés dit au sujet de Gheel :

Art. 6. L'organisation de la colonie de Gheel et d'autres semblables, qui pourront exister ou se former par la suite, et le régime des aliénés qui y seront envoyés, feront l'objet d'un règlement spécial, approuvé par arrêté royal, qui précisera entre autres le mode de placement et de surveillance et l'organisation du service médical.

Le Gouvernement, en conséquence de cette loi, a publié un règlement pour Gheel, dont nous allons résumer les principes dans le chapitre suivant.

CHAPITRE X.

De la loi du 18 juin 1850 et de ses règlements par arrêté royal.
Conclusion.

———

Nous venons de le voir, il manquait au règlement communal le mot sacramentel d'infirmerie, pour en faire
quelque chose qui eût une signification. Il est vrai que
c'eût été une dépense de trente mille francs pour la commune, mais quel résultat ne devait-elle pas en obtenir! Elle
aurait devancé tous les autres établissements, en fait d'améliorations. De nos jours, ne faut-il pas faire certaines choses
à temps, pour prévenir les reproches, et quelquefois les
médisances. Je sais bien qu'à Gheel, il y a des personnes
qui ont essayé de faire comprendre ces nécessités, mais l'indifférence, ou de mesquines considérations, ont empêché

que l'on ne suivît leurs conseils, malgré qu'ils fussent basés sur des calculs simples et positifs ; il se serait agi d'un emprunt dont l'amortissement aurait eu lieu en prélevant quelques centimes sur la pension de chaque aliéné.

Le règlement, par arrêté royal du 1er mai 1851, a pour principe, que toute l'administration et la direction de l'établissement se feront, au nom du Gouvernement, par une Commission supérieure, laquelle nommera une commission permanente, ayant charge de la direction particulière de l'établissement. A ces commissions est attaché un secrétaire spécialement chargé des écritures et des formalités légales des collocations. Comme c'est un travail considérable, il aura sous ses ordres un employé expéditionnaire. Tous deux sont salariés par l'État.

Le service hygiénique et médical est dirigé par un médecin inspecteur nommé par le Ministre de la justice ; il est composé de trois médecins nommés par la Commission supérieure pour chacune des sections de la commune. Leurs appointements sont fixés par le Ministre, sur la proposition de la Commission supérieure.

Le médecin inspecteur et le secrétaire de la Commission supérieure ont des attributions qui les rendent en définitive responsables de la surveillance et de la moralité de l'établissement, ils devront préparer toute la besogne à soumettre aux deux commissions. Que l'on juge de l'importance de leur travail si l'établissement augmente dans la proportion de ces dernières années, accrue encore par le nouvel intérêt qui va s'attacher à Gheel. Une infirmerie est établie par le Gouvernement, mais la commune et la province doivent y contribuer ; c'est de toute justice, puisque les bénéfices seront exclusivement perçus par elles.

Le service médical et chirurgical de l'infirmerie, les rapports et certificats légaux de tout l'établissement seront faits par le médecin inspecteur, il aura en outre la charge des registres médicaux, l'inspection du service sanitaire, et la responsabilité qui en découle.

Le règlement par arrêté royal n'établit plus de taxe pour les délits dont les nourriciers pourraient se rendre coupables ; il récompense par des primes en argent, ceux des nourriciers qui se distinguent par leur humanité, et dans le cas contraire, il retire les aliénés en déclarant pour toujours inhabiles à les recevoir en pension, ceux qui ne remplissent pas les obligations contractées. Nous sommes certain que le Gouvernement aura plus à récompenser qu'à punir.

La Commission supérieure va donc, d'après le règlement, choisir un comité permanent qui doit la représenter, exécuter ses décisions pendant les intervalles qui sépareront ses séances à Gheel.

Ce comité permanent, entre les mains duquel le sort des aliénés sera remis, on ne doit que lui demander deux choses : 1° de n'avoir que le bien-être de ses administrés en vue, et d'être juste et impartial envers les nourriciers. Pour lui faciliter l'exécution des décisions du Conseil supérieur, il est probable qu'un règlement intérieur sera institué.

Ce règlement intérieur servirait de ligne de conduite, non-seulement au Comité permanent, mais au médecin inspecteur et au secrétaire, car autrement si chacun peut suivre ses inspirations, il faut nécessairement s'attendre à des incertitudes et à la confusion.

Nous avons même la ferme conviction qu'un règlement intérieur est indispensable, d'abord pour le service médical, ensuite pour faire exécuter le règlement général; ainsi, par exemple, l'on sera dans la nécessité de distinguer deux espèces de nourriciers: 1° ceux qui reçoivent les indigents ; 2° ceux qui n'admettent que des payants. Quoique ces deux classes de nourriciers soient soumis aux mêmes obligations vis-à-vis du Gouvernement, il est clair qu'on ne peut régler certaines conditions avec les nourriciers des payants que suivant le prix de la pension qu'ils reçoivent.

Ces deux divisions de nourriciers existent à Gheel par le fait, il ne leur manque qu'un nom. Nous entendons par *nourricier* celui qui héberge un indigent, et par *hôte*, celui qui reçoit en pension un aliéné payant plus que le minimum fixé par la Commission.

Toutes les personnes qui s'intéressent à la bonne direction de l'établissement doivent désirer que la Commission supérieure fixe le mode de placement des indigents chez les nourriciers; si elle ne le faisait pas, il y aurait une confusion générale, et tous les reproches que les règlements anciens font à certains abus, ainsi que les remarques faites à ce sujet par la Commission d'enquête, deviendraient de nouveau l'objet de plaintes générales; tout continuerait comme par le passé.

Ce placement, dans l'esprit du règlement par arrêté royal, appartient à la Commission supérieure et à ses délégués; ce n'est que parce que l'on n'a pas défini ces deux espèces de nourriciers que l'on pourrait se méprendre sur le sens de certains articles.

Les parents, les tuteurs, ou les Conseils des hospices, payant une pension supérieure au minimum, ont le droit de choisir ou de faire choisir les *hôtes* chez lesquels ils veulent placer leurs aliénés; toutefois ces hôtes doivent être préalablement munis de l'autorisation délivrée par la Commission supérieure.

Il n'en est pas de même des parents, tuteurs ou des hospices qui placent leurs malades dans la classe des indigents et ne payent que le minimum. Tous les nourriciers devant être également aptes et présenter les mêmes avantages, il est donc indifférent aux parents ou aux hospices que leurs pourvus soient plutôt placés chez l'un que chez l'autre, tandis qu'il n'est pas indifférent à la bonne administration de la Commission supérieure que, dans l'intérêt même des aliénés, les nourriciers ne soient pas complétement à l'abri

de l'influence des intérêts particuliers de ceux qui effectue-
raient ces placements.

Nous avons dit, pages 105-106, qu'il nous semblait que
les nourriciers pourraient être inscrits par ordre de mérite
moral et matériel et ne recevoir d'aliénés qu'à tour de rôle,
sans qu'il leur fût fait de *passe-droit* ou *faveur quelconque*.

S'il est une question vitale pour Gheel, c'est bien celle de
savoir si l'on continuera d'employer les freins et ceintures
de fer. Les chaînes et les ferrailles ne sont plus de notre
époque pour le traitement des maladies mentales; en Belgique, la loi et le règlement général les ont abolies pour les
établissements particuliers; pourquoi donc a-t-on laissé ce
moyen barbare à la disposition de la Commission supérieure? Point de doute, son premier acte sera d'en déclarer
l'exclusion dans la colonie; les bons soins, l'affection, voilà les
liens que celle-ci emploie le plus souvent, les fers n'ont servi
qu'à la discréditer et n'ont jamais été employés, au moins
dans beaucoup de cas, que par les plus mauvais nourriciers.

Ajoutons aussi, que l'infirmerie avec ses cellules vien-
dra encore diminuer la nécessité des moyens de coercition.

Un des vœux les plus ardents que nous formions, c'est que
les vêtements de tous les indigents soient semblables en
qualité à ceux que portent les indigents de Bruxelles. Ceux-ci
sont vêtus décemment, on les prendrait pour de petits bourgeois, ils n'ont point d'uniforme tranchant qui indique
qu'ils sont l'objet de la charité publique.

Nous croyons finalement qu'il serait de la plus grande nécessité qu'il y eût un corps composé d'infirmiers faisant les différents services que comporte une grande institution. On pourrait leur donner un nom ; par exemple, celui de *garde de section.*

Leur service consisterait, à tour de rôle :

1° A faire les voyages pour aller recevoir les insensés, les conduire à destination, poursuivre et reprendre les évadés.

2° Assister aux transports des malades à l'infirmerie, secourir les aliénés sur la voie publique.

5° Parcourir leur section et surveiller ceux qui leur seraient désignés par les médecins comme étant enclins à des vices ou bien disposés à s'évader.

4° Porter les ordres des Commissions supérieure ou permanente ainsi que ceux du médecin-inspecteur et du secrétaire.

5° Obéir aux réquisitions du service sanitaire et hygiénique.

Suivant nous, trois à 6 gardes seraient nécessaires.

Pour résumer notre pensée sur Gheel, disons que le naturel bon et charitable de la grande majorité des habitants de la commune et de ses hameaux rendra toujours son administration intérieure facile et permettra d'atteindre une perfection que les lois et les règlements ne comportent pas.

Si l'on ajoute à ce point capital la nécessité dans laquelle la plupart des nourriciers se trouvent de devoir prendre chez eux des aliénés en pension, l'on peut prédire que toutes les améliorations seront finalement acceptées, malgré quelques opposants qui, eux-mêmes, seront bientôt con-vertis à leur propre intérêt.

Enfin, avec un corps médical respecté et convenablement rétribué, cette partie du service ne laissera plus rien à dé-sirer, et la science pourra s'enrichir des nombreuses obser-vations que la nature nous fournit et que l'art médical doit étudier, afin de les faire servir à la cure des maladies et au profit de l'humanité.

FIN.

www.ingramcontent.com/pod-product-compliance
Lightning Source LLC
Chambersburg PA
CBHW052219270326
41931CB00011B/2407